思い出の人々と

宮本憲一

藤原書店

思い出の人々と／目次

私の教育ノート……141

思い出の人々と

装幀　田村義也

愛惜の第四高等学校

中野重治と猫

第二の故郷金沢

金沢にある第四高等学校は、一八八六（明治一九）年の中学校令、さらに一八九四（明治二七）年の高等学校令によって設置された日本最古の五つの高等学校のひとつである。一九四九（昭和二四）年の新学制によって、翌五〇年に廃止されるまでに、一万一八〇四人の卒業生を出した。卒業生は各界で活躍したが、他のナンバー・スクール、たとえば一高や五高とくらべると、与党政治家・企業家や高級官僚は少なく、野党政治家・研究者や芸術家が多い。とりわけ、すぐれた文人を輩出している。しかし、彼らは絢爛たる人生を歩むというよりは、いぶし銀のような生涯をおえた人物、名利をはなれ、「自己満足」のためには、挫折も辞さない日常をおくった卒業生が多いのではなかろうか。

この校風は、あの北陸の雪と雨の荒々しい風土と、そこに住むえもいわれぬ心根の優しい人達との交情の中で生まれたのではないか。

私たちの四高《しこう》時代に、文人としてはもっとも影響力をもった中野重治の詩「しらなみ」は、関東や関西の大都市から金沢に学びにきた学生が、はじめて北陸の風土にふれた時の心情をあらわしている。

ここにあるのは荒れはてた細ながい磯だ
うねりは遙かな沖なかにわいて
よりあいながら寄せて来る
そしてここの渚に
さびしい声をあげ
秋の姿でたおれかかる
そのひびきは奥ぶかく
せまった山の根にかなしく反響する
がんじような汽車さえもためらいがちに
しぶきは窓がらすに霧のようにもまつわって来る
ああ　越後のくに　親しらず市振《いちぶり》の海岸
ひるがえる白浪のひまに
旅の心はひえびえとしめりをおびてくるのだ

この灰色の海と対照的に金沢の市民は雪に映える「ぼんぼり」のように暖かい。

私は、いま同級生深井寛が死の床までもっていって書き上げた『戦後四高学生史』を編集しているが、この中で戦後四高生が共通して吐露しているのが、金沢への思慕である。私たちの戦争直後の四高生活は、食糧危機で餓死寸前の情況であった。カマスをつぶしたような団子を海水の塩汁にいれたものが主食で、芋の葉を副食にするような時代であった。階段をのぼるのに目がまわるほどで、寮生の食糧が調達できず、とうとう、二年間にわたって、前期の試験を夏休み後に延期せざるをえないような時代であった。

しかし、こういう時代でも、金沢の市民が四高生にしめした心づかいは、中野重治の『歌のわかれ』や井上靖『北の海』にでてくる情景と同じであった。

四高生の八〇％は県外から入学する。しかし、彼らがみな金沢を第二の故郷としているのは、金沢市民の四高生への愛情の所産であろう。それはともかく、こういう四高の風景が文人を多く生んだのである。司馬遼太郎にいわせると、井上靖は「永遠の四高生であった」といえるほど、旧制高校のかたみをのこしていたのである。

中野重治のファンとして

ここでは、私がかいまみた中野重治のことをかたりたい。

私は文学少年であったが、中野の作品をよんだのはずいぶんおそく、四高を卒業する前後から、大学に入学する頃である。ある作家が気に入ると、すべての作品を一挙によむというくせで、「大道の人々」（一九二四年）からはじまって、数十の短編にふれた。中でも、四高時代を書いた『歌のわかれ』で中野ファンになってしまった。この中に次の一節がある。

「安吉たちの教室は正面玄関上に位置したため、日向ぼっこの彼らには、出入りの教師がすべて頭の上から見下ろされるのだった。夏と冬とを除けば、天気のいいかぎり、立ったり寝そべったりした行儀の悪い生徒がこの屋根に見えぬということがなかった。門をはいってきた教師たちは、ひょいと眼が行くところを塞いでいる不作法な連中のため、自然伏目になってすたすたと玄関へ急ぎこむのが癖になっていた。」

実は私たち文乙三年のクラスは、この正面玄関上の教室であったのだ。そして中野の時代と寸分ちがわぬように、講義のあい間、時には友人に「代返《だいへん》」（かわりに出席の返事をしてもらう）をたのんで、興味のない講義の間にも、教室の窓の下の屋根で雑談をするか昼寝をしていたのである。

ギリシア哲学の故安藤孝行《こうこう》先生（私たちは「安哲」とニックネームでよんでいたが）は、私が理乙から文乙へかわりたいと相談にいくと、あのクラスは「最低のクラスだから入試は失敗するぞ」と忠告された。

しかし、先輩にきくと、この正面玄関上の教室は、最終学年最優秀のクラスに割当てられるというのである。たしかに、私のクラスでトップの小西洋一が、卒業式の総代であったことからいうと、「安哲」の評価は、たぶん個人的感情がまじっていて一面的であったのかもしれない。なにしろ、碩学の「安哲」を困らせるような執拗な質問をする落第生が、このクラスにたむろしていたからである。とはいえ、「安哲」の評価が受験勉強の度合いというならばあたっていて、私たちのクラスは、運動場の王者と学生運動の指導者のような学業外の花形が多く、三分の一が落第経験者であった。そして、先の卒業生代表の小西洋一も、私もともに東大の受験を失敗したのだから、「安哲」の予言はあたったというべきである。

私たちのクラスが、四高の最低だったのか最高だったかはともかくとして、『歌のわかれ』の「安吉」と同じ教室で、屋根の上から通行人をからかったり、寝そべって「哲学」談義をしていたのである。

ファンというのはおそろしい。中野の片言雙句が好きになる。金沢の郊外にあった監獄のことを、彼は次のように書いている。

「赤煉瓦独特の白い粉を吹いたような朱の色、桜並木の黒ずんだ緑とそれの植わった土手の草の柔かい緑、左上隅の晴れた空、その下の村々と畑の横に重なった線、特に桜並木の影が土手の草を明暗に染めわけて、そのあやを絶えずちらちらさせているのが言い甲斐なく美しかった。」

この一節を口ずさんで、監獄周辺を歩く。奇跡的に戦災にあわなかった金沢の街は、中野の描く「情景」そのものであった。四高の建物の赤煉瓦も白い粉を吹いていて、それをなでると、歴史の鼓動がすると思ったものである。

一九五三年、私は大学をでてすぐに金沢大学助手に就職して、ふたたび「母校」にかえった。一九五四年に『むらぎも』が『歌のわかれ』の続編のようにしてでた。ファンというのはしようがないもので、安吉が女性の美についてかたるところで、すっかり同感してしまった。

「おれは、どうしても、鳩胸、出っ尻がいいなア。鳩胸っていっても、病的なのじゃなくてネ。二つの球体が、うしろ向きにつき出たようなのがいいのだ。胸にしても、胸そのものが扁平で、そこへ球体がくっついたというようなのはいくら球体でも駄目サ、胸そのものが盛りあがってて、そこへもう一つ盛りあがったというのが理想的なんだ。よくあるだろう？うしろから見ると腰骨が張ってて、こう、拡がっている。でも横からみると、てんですうっと上から直線的な奴、あれは駄目だネ。あれは駄目だ。ウチワみたいだよ。厚さがないんだから。そういうんじゃなくって、尻の場合は、球体っていうんじゃ不十分だネ。背骨の下の方へんから張り出して、腰から尻へかけてが建築のようにそびえているのがいいんだ……」

中野にしては珍しくエロチックな描写がその後につづくのだが、彼のいう「豊熟一歩手前といった固さ」というような女性にあこがれが生まれたものである。

だが、この頃、金沢は内灘事件で大きな政治変革の時代をむかえていた。私はこの闘争の渦中に身をおくよりは、この事件を社会科学者として客観的に分析したいと考えた。それで同学の若干の研究者と協同して、この村の経済、社会動態、財政、政治について「内灘村」と題して、雑誌『思想』（一九五四年二月号）に発表した。それは、戦後の地域分析のはしりとなり、学界でも注目された。そういう仕事をしていると、『むらぎも』がものたりなくなってきた。こういう時代に、安吉の心象の世界を書くことに、どれほどの意義があるのか。

「内灘村」の評価で現状分析に自信をもった私は、つづいて、『日本資本主義講座』を批判して

「最近の地方財政調査についての反省——必然性の解釈学からの脱皮のために」（『思想』一九五四年一一月号）を発表した。これは当時の日本共産党の新綱領にもとづいた『日本資本主義講座』への批判であるとともに、これまでの解釈学的なマルクス主義の方法論を批判したものであった。

この批判の趣旨はまちがっていなかったのだが、たぶんに思い上りなところがあった。その思い上りの中で、『むらぎも』にたいする批判を『北陸文学』に書いたのである。それはいままでのファンとして、中野の文章にのめりこんでいた自分を否定しようというものであった。その趣旨は、『むらぎも』の主人公の安吉の心象は誠実なようにみえて知識人のひとりよがりでないか、というものであった。いまよみかえすと、先の『思想』の論文同様に、恥しくなるような「思い上り」がみえる批評であった。

微にいり細をうがち観察

『北陸文学』が発刊されて、しばらくたってからのことである。国鉄労働者として詩や文学を書いていたN氏から、電話がかかり、自分が忙しいので、かわりに中野重治を案内してくれないかというのである。労働者文学のグループが中野をよんだのだが、中野は金沢を「見物」したいといっている。そこで昼食までいっしょにつきあって、午後から北陸鉄道労働組合の会館につれてきてくれというのである。

中野ファンからのわかれのつもりで、『むらぎも』を酷評したところで、皮肉なことに、中野重治を一対一で案内しなければならなくなったのである。たぶん高名な中野が「田舎」の文学誌などよんでいないにちがいない、よんでいたとしても、文学者でない私の批評などどうでもよいだろうと、多少の後ろめたさをもちながらも、ひらきなおって案内をひきうけた。

どこを案内したのか、いまになってみると覚えていない。ただ中野重治と「大和」百貨店のレストランで昼食をとっていた時に、彼が、「金沢にきて、釉薬《うわぐすり》のかかった黒光りのする瓦に感動しないやつは、詩人ではない」とひとことのべたのが印象的だった。鏡花や秋声の文学碑のある卯辰山《うたつやま》から浅野川辺の住宅街が、わずかにこの金沢らしさの残る界隈であり、黒瓦屋根はどんどんなくなりつつあったのである。

北陸労組会館には、一〇人ぐらいの「職場作家」といわれていた文学愛好者があつまっていた。私は市内の案内もおわり、このグループの人達はよく知らないので、あとはN氏にゆずってかえろうとした。すると中野は「君ものこっていたまえ」といった。

中野は文学の作法について話をしたいとして、次のように話をした。「職場作家」といわれる人達の作品をよんでいるが、その多くは大河小説を志している。戦争と戦後の動乱期の経験をした者は、波瀾万丈のストーリーを書きたがる。しかし、君達は大河小説を書いてはいけない。まず、「猫」を書きなさい。自分の家の猫の日常を、ああでもないこうでもないと微にいり細をうがち観察して、その生態を満足のゆくまで書いてみるのです。猫は朝起きて出会った時に、どういうしぐさをするか。何を食べるのか、どのような食べ方をするのか。作家や家族とのつきあい方、猫同士は……。

人は長編を志すが、登場人物の心のひだが書けるようになるまでは、長編を書いてはいけない。既存の作品をよむ時は、階級的な見方はどうかとか、全体の社会目的はなにかという大乗的な批評をする前に、その主題をいかに緻密に文芸として昇華しているかをみるべきである。職場作家にはそのことがとくに要求される。……

中野重治は、私の方をグッとむいてこの結論をのべた。ああ、中野は私の『むらぎも』批判をよんでいたのだとその時、胸をつかれた。「猫」を書くことから、話をふくらませていく話を聞いているうちに、私は『萩のもんかきや』を思い出した。

これは中野が何年もつかみあってきた二人の人間の対立をなだめ、仲よくさせる厄介な仕事を終えて、この小さな、しずかな萩の町を歩くことからはじまる短編である。猫の話ではないが、まさに街なみをああでもない、こうでもないと自問自答しながら、そぞろ歩いていくのである。ここには「萩銀座」というような馬鹿なところはないらしい。そんな馬鹿な真似を町の人はしないだろう。こうして彼が街なみをたのしみながら歩いていくうちに、中野は妙なものを見つけた。あかるいガラス戸を前に、女は小机のようなものを控えて坐っている。小机というよりは断ち台といった方がいいかもしれない。高い鼻をしている。まだ若い女らしい。右手に細筆をにぎり、左手に壺のようなものを握っている。女は羽織か何かへ抱き茗荷をかきこんでいるのである。

「もんかきや」

木の小さな板に、仮名でそう書いて打ちつけてある。この当世はやらない紋つきなどのための商売が、東京、大阪ならともかく、長州萩でどれだけなりたつというのだろうか。

歩きだした中野には、もう一つの表札のようなものがみえた。

「戦死者の家」

してみると、女は後家さんなのだろう。寡婦なのだろう。こうして、この小説は次のようにむすばれる。

「鼻の高い美人が――それは肩つきからみて、背も高い美人にちがいない。――戦死者の寡婦で『もんかきや』だということが、その『もんかきや』という仕事が、機械も動力も使わない全くの手仕事だということが、また紋つきの紋をかくというその商売が、女の鼻が西洋人のように高いだけにつらいものに見えてくる。『もんかきや』――言い方が古いだけ、その分量だけ逆にあたらしい辛さがそこからひびいてくるようにも思う。いくらかだらけたような、気楽で無責任だった私がいきなり別の気持ちになったわけではない。それでも、『もんかきや、萩のもんかきや……』といった調子で私はいくらか急いで歩いて行った。」

絶妙な短編である。昼日中でも、シーンとした街なみの萩がうかびあがる。そして、戦死した「もんかきや」職人の後をついだ、鼻の高い後家さんの姿の中に、戦争の悲劇がにじみでてくるではないか。

私は、中野の猫の話は文学の作法にとどまらず、若い科学者の研究の作法をさとしたものだと思った。「日本資本主義の性格は……」と、大上段にふりかぶらずに、小さなテーマにしぼって、ああでもない、こうでもないと、資料をよみつくし、完璧に仕上げてみる。それが小さなテーマであっても、徹底的に掘り下げていけば、日本資本主義という泉につきあたるかもしれない。

これが中野の話を聞き、「萩のもんかきや」を思い出した時に、私が気がついたことであった。

一九五六―五八年、私は「明治地方自治制と町村合併」という小論を書いた。市町村合併という、それまで経済学者があまり手をつけなかった地味なテーマの歴史研究をしたのである。しかし、まことに幸運なことに、この市町村合併の歴史研究は、日本の地方自治の本質を明らかにすることになった。私が曲りなりにも研究者になりうる自信をもった最初の作品である。これは中野重治の「猫」が生んだ産物であろう。

地方自治の扉をひらく
——清水武彦『自治の時代のパートナーシップ』をよむ——

二十世紀は中央集権の世紀であったが、二十一世紀は地方自治の時代であろう。分権と参加は世界の潮流となりつつある。日本でも分権一括法によって行政の分権が定められた。しかし、戦後地方自治の新しい時代をつくる幕は、なかなか上がらない。

清水武彦は京都の住民自治の歴史をふまえ、自らの京都市職員の経験を検討しつつ、いまこそ官僚主義を打破して、住民との共同のもとに、この京都から「住み心地よき都市」をつくるための自治の扉をひらけと、熱いメッセージを自治体職員におくっている。

彼は現実主義的理想家であるが、実務家でもあるので、自分ができないようなことを評論家のようにのべていない。それだけに彼の著書『自治の時代のパートナーシップ』(自治体研究社、二〇〇〇年)は説得力があり、自治体関係者はもとより、一般市民が行政を理解するのに良い参考書になるであろう。

清水は京都市政のもっともすぐれた伝統をつくった社会課の流れのなかで、都市政策が住民福祉を基軸にしなければならぬことを学んだ。この伝統というのは、役所が上から政策の規準をきめるのでなく、住民と話し合い、そのなかで決定するというのである。これが彼の出発点となる民生支部の「市会請願闘争」である。ここには、行政体と労働組合と住民組織とが一体となって社会サービスを改善しようとする、戦後地方自治の幕開けがある。

その後、清水武彦は革新自治体とその後の時代に、市政の中心の幹部職員として、日本の地方行政をリードする仕事を次つぎとおこなっている。社会福祉についで、都市計画を担当しているが、ここで紹介されている一九六九年の「まちづくり構想」は、これまでバラバラにおこなわれていた都市開発行政を「顔のある都市計画」にしようとして、はじめて長期計画に総合したものである。このひとつの成果が洛西ニュータウンである。

その後、日本中が注目した「空缶条例」の制定にいたる。京都のごみ問題が他地域とちがうのは、観光都市であり、定住民だけでなく観光客の排出する大量の廃棄物をどうするかということがあるからである。清水武彦はデポジット制度によって、これを解決しようとした。これは画期的なことであったが、業界の反対で挫折した。しかし、業者の責任で解決する道をひらいて、その後の清掃行政の原則をつくった。

このような行政をすすめる上で、彼はつねに住民の世論や運動に直面せざるをえなかった。この本が強い教訓をのこすと思うのは、その場合、彼は日本行政の伝統である超然主義にたたず、住民との信頼関係にたって、反対する住民とも十分に話し合い、住民主権のまちづくりのために苦闘したことである。

ここには、実務家でなければいえない提言がみちている。たとえば、行政は調査分析から出発しなければならぬこと、市長は民間人がよいこと、人事を見れば市長の考えと力量が解ること、職員は官僚組織にたいする責任ではなく、住民にたいする責任をもたねばならぬことなどは、現在の行政の内部改革の指針をしめしている。

私は清水武彦の旧制四高時代のクラスメイトである。彼は名門のおぼっちゃんであるはずなのに、高ぶることがなく、学生時代から大人の風格があった。文字どおり「こころの知性」をもって、強い批判力をバランス感覚のある抑制力で御していく独特の風格をもっていた。

いま、地方自治の時代の幕がひらかれようとしているが、この本を読んで目を醒した自治体職員が、舞台の主役である市民の良きコーディネーターとして、彼の後継者となってくださることを心から希望したい。

都市と農村の共生をもとめて
――高橋治『流域』をよむ――

高橋治《おさむ》は現代文学の代表的作家であるとともに、環境問題の理論家・実践家でもある。『流域』（新潮文庫、一九九三年）は、日本に残された最大の清流四万十川《しまんとがわ》とその流域を舞台に、彼のこの二面の仕事をフィクションとノンフィクションという異なった手法で表現し、それを総合しようという野心的な実験である。

現代小説の中で、主人公の生きた環境や時代をノンフィクション風に書き、物語の展開をフィクションで書くという作品がないわけではない。たとえば、有名なアメリカのスタインベックの『怒りの葡萄』は、各章の冒頭で、作品の背景としてのアメリカの大恐慌と当時の農村の情況がかたられた後に、物語の本筋にすすんでいる。しかし、この『流域』のように両者を徹底して峻別してすすめ、終章の落鮎《おちあゆ》の場面で両者を刹那的に交錯させるというような作品は珍しいであろう。

このような場合、読者は物語の主人公の運命の方を気にして、ノンフィクションの部分を省略して読みがちなのだが、この作品ではみごとに両者が並行し、キャッチボールのように展開していくので、作者の意のままに、両方をよみすすんでいってしまう。それは「流域」と題したノンフィクションの部分が〃風流滑稽談〃のようにおもしろいだけでなく、四万十川流域の自然が、フィクションの「菊枕《きくまくら》」の登場人物の性格を刻印しているからであろう。そして、両者を川の流れのようによみすすむことによって、作者がこの作品で一人の女優の半生をかたっているだけでなく、いま日本が失いつつある「自然と人間との共生する社会」の再生をうったえていることを、理解することになるのである。

高橋治の作品の主人公は、彼の古巣の松竹映画の伝統をひくように女性が多い。それも仕事をもち明晰で凜《りん》とした三〇歳～四〇歳代初期の年齢の、結婚歴のある独身女性。和服を着こなし、食物の味などにも日本の伝統を重んじ、少々陰のある女性となると、高橋治の世界である。「菊枕」の主人公華子《はなこ》もそうである。この物語の前半は、華子と祖父の一馬《かずま》との魂の交流を通して家族をかたり、後半は演出家三井との関係を描いて、芸能の世界のきびしさをしめしている。そして、全編を通じて、物語の風景というか空気のようにして登場する元プロ野球選手の畑野と華子が結ばれることを暗示して終っている。

「菊枕」の圧巻は一馬の生き方である。この人物も、直木賞受賞作『秘伝』のヒーローと同じように、高橋の得意とする職人肌の老人である。彼は家族の幸福のために全力を投球するが報われず、実子にも養子にも満足せず、それらを離別してしまう。

土佐のいごっそうらしい一馬と孫娘華子との臨終の交流は、小津安二郎の世界のように展開する。一馬は遺言として「この川をやる」と華子に言う。この謎のような遺言は、四万十川流域の人間はこの川で生命を育てられ、その喜怒哀楽こもごもの一生もこの川とともに流転していることをのべたもののようである。

四万十川は、一馬の遺言にあるように、人間の一生を託するに足る自然である。平凡社の『大百科事典』によれば、四万十川は高知県高岡郡東津野村北部の不入山《いらず》(一三三六メートル)の東斜面に源流部をもち、中村市下田で土佐湾にそそぐ川。幹川流路延長一九六キロメートル、地盤変動の複雑な影響で中流部で大きく流路をかえ、全流域面積二二七〇平方キロメートル、四国では吉野川に次ぐ大河である。流域の大部分が過疎山村である。この大河のなによりも大きな特徴は、長良川《ながら》とならんで人工の構築物が少なく、とくに戦後流行の電源開発のダムをつくらなかったために、自然環境が保存され、魚種が豊富なことである。

戦後日本は、アメリカのTVA(テネシー渓谷開発会社)のまねをして、多目的ダムをいたるところにつくり、その電力で工業化をはかった。この地域開発は失敗し、ダムをつくった地域の住民は一時の開発補償金で潤ったものの、工場誘致も村の近代化もすすまず、いますべて、過疎と高齢化になやんでいる。

しかも、もっとも大きな弊害は、自然の河川環境が破壊され、生物の種が少なくなったことである。土砂の自然流出がとめられたために、ダムが急速に埋まってしまう一方で、海岸の侵蝕がすすみ、川魚だけでなく、海の魚にも影響がでている。いま、世界中で環境保全のために、この大規模なダム開発を中心とした河川行政に反省がおこっているが、すでに日本ではダムのために自然河川の命がほとんどなくなってしまった。

そういう状況の中で、四万十川はまことに貴重な自然なのである。この『流域』には、この四万十川に残されたツガニ、うなぎ、アカメなどの魚やキシツツジを追っていく著者の動向が、おもしろおかしく描かれている。中でも、さいごにでてくる、「ござれ」という漁法や、巨大なアカメを釣るところは、本物の漁師よりも漁師らしい著者の体験がかたられていて、『老人と海』のようにおもしろい。

この「ござれ」という漁法は、アカメと人間が対等で決闘するもので、いかにも自然と人間が共生しうる流域らしい方法である。最終章のクライマックスになる落鮎再解禁の朝のにぎにぎしい情景は、産卵期に禁漁をして魚種を持続させるための禁慾という住民の知恵への報酬であり、自然の恵みにたいする感謝祭であるようにみえる。

いま、人類は地球環境史上最悪の危機にみまわれている。このままでは、二〇年のうちに生物の種の四分の一は絶滅し、来世紀に人類の運命もつきるのでないかといわれている。

一九九二年六月、国連はブラジルのリオ・デ・ジャネイロで環境開発会議をひらいて、この危機を打開するための協議をおこなった。私も日本のＮＧＯ（非政府組織）の代表として、この会議に参加した。この会議は今後の人類の目標として、現世代で地球の環境と資源をくいつぶしてしまわないように「維持可能な発展（sustainable development）」を、各国が政策の最優先課題とすることをもとめた。つまり、環境保全の枠の中で、経済発展をすすめるというのである。

これは大量生産・大量消費の社会を改め、近代化の方向を修正するということで、日本にとっては革命的な課題である。どうしたらよいか。

『流域』は四万十川流域の生活を旧《ふる》き日本の佳《よ》き生活としてなつかしんでいるのでなく、この流域に未来の日本の「維持可能な発展」のモデルをしめそうとしているようによみとれる。

私は経済学者である。それがなぜ作家高橋治の友人であり、ここに専門外の作品の解説をしているかについて、少し説明しておかなければならない。

高橋治と私は、金沢にあった四高（旧制第四高等学校）の文乙（ドイツ語専攻の文科）の同級生である。私は理乙（ドイツ語専攻、現在の医学部進学課程）にいたが、三年の時に転科試験を受けて高橋のクラスへかわった。この時に指導教官の安藤孝行先生（ギリシア哲学者）に相談にいったところ、前にも触れたように、「文乙は四高でもっとも勉強をしないクラスだから、かわるのをやめたまえ」と忠告された。

なるほど転科してみると、このクラスは遊び人がそろっている。三七名のクラスメートの約三分の一が落第経験者で、中には裏表（つまり一年と二年とでそれぞれ落第を経験する）の経験者がいる。旧制高校では落第生が絶対的に権威をもち、人格も大きい。そのこともあってか、このクラスは教師から最悪といわれようと、同学年では圧倒的に影響力をもっていた。

安藤先生の指摘のとおり、私たちのクラスは大学入学試験では、さんたんたる結果をまねくのだが、「人格者」というか、個性のつよい者の多い愉快なクラスだった。当時の学内文芸誌『北辰』の最終号をみると、評論では高橋治の映像芸術論、林建彦（元・東海大学教授）のゲーテ論など、いまの大学院生のマスター論文の水準にあるような作品など、クラスの者が多く書いていて、思索の方面では四高最良のクラスであったのでないだろうか。高橋は、クラスメートのひとりをモデルに『名もなき道を』という傑作を書いている。

とはいえ、私はこのクラスに卒業までの一年間しかいなかった。その上、高橋は教室の外では野球の名選手、私は学生運動のリーダーですれちがいが多く、濃密な交流があったとはいえない。卒業以後も進む方向がちがっていたので、彼の映画はみていたものの、文通もなかった。彼との真の交遊は近年である。

一九六八年、姫路の石油コンビナートの建設にたいして、家島の漁民が公害反対運動をおこした。この問題に興味をもった高橋治が、私に連絡をとってきた。

以後、彼の水俣病問題をあつかった名作『告発』のための取材、水島の三菱石油の重油流出事件の現地調査などで、交流が再開された。

私は衛生学者の庄司光《しょうじひかる》京大教授と共に、一九六四年に『恐るべき公害』(岩波新書)を出版した。当時、国語の辞書には公害という言葉がのっていなかった。この本は日本で最初の公害に関する学際的啓蒙書であった。高橋はこれをよんでいて、共同作業をしようとして、私に連絡をとってきたのである。

一九六五年、高橋治は松竹を辞め、フリーとなり文筆活動にはいった。私が卒業後、はじめて彼と再会したのは、六九年に『告発』の上演に招待された時であった。当時、彼は定職がなく貧窮の中にあった。後に私のゼミ生になった彼の子息によると、夕食のおかずに事をかく時もあったという。私は彼に定期収入の道はないかと考え、『朝日ジャーナル』の編集者西岡正氏に芝居に同行してもらい、高橋を紹介し仕事をたのんだ。それがきっかけで、彼の事実上の処女作であり出世作となる『派兵』が同誌に連載されることとなった。この間のことは、彼の『人間ぱあてい』(講談社)にも紹介されている。

この『派兵』は社会科学者の私の意見では、彼の作品の中でおそらく後世の歴史にのこるものと考えている。シベリア出兵こそ、太平洋戦争へつづく日本の最大の過失のはじまりであり、またベトナム・アフガニスタン派兵など大国の失敗の原型である。にもかかわらず、この重大な事件について、研究書も少なく、まだまだ解明されるべき課題が多い。『派兵』はその意味で、文学作品としてだけでなく、歴史書としての価値の高いものである。『派兵』が文学者としての彼の出発点となり、その後『絢爛たる影絵』で、一般大衆読者の世界に登場したのである。

高橋治は多彩な才能をもっているが、その源泉は二つあるように思う。ひとつは子ども時代の千葉の自然、とくに海とのつきあいである。彼の自然観、自然環境にたいするあこがれと、それを侵す者への怒りは、この体験からきているのであろう。もうひとつは四高時代の金沢生活からきた都市文化の思想である。金沢は江戸よりも江戸らしいといわれた近世都市文化の中心地であり、さらにそれを近代の中に連続させた独自の市民社会をもっている。高橋治の卒業論文は、俳人蕪村《ぶそん》の研究だったと思う。この蕪村の江戸の世界が、いまなお生きのこっているとすれば、金沢ぐらいしかないであろう。高橋は真正の金沢人でもある。

また、高橋治はサイデンステッカーに習ったという英語力をもつ国際人である。海外での生活体験も長い。この国際的普遍性と同時に、いまのべた日本の伝統である自然との共生の思想と、江戸以来の市民文化の独自性を、総合あるいは渾然一体とさせているところに魅力の根源がある。おそらく、そこには、私たちの四高生活がつちかったものが核としてあるのではないか。

いま、高橋治は石川県白山麓《はくさんろく》に僻村塾《へきそんじゅく》をつくり、その理事長として、これを経営している。私も彼の任命で教授をしている。この塾はたんなる流行の村おこしでなく、僻村の自然と生活の中に地球の未来のあり方をもとめ、それを都市の文化と共存させる教育を志している。これは彼の畢生の事業であろうが、きわめて困難な仕事である。

この『流域』にあきらかなように、豊かな自然の美しさと環境保全の機能を破壊してはならない。だが他方、いまの日本では東京一極集中がすすみ、農山村では若者が流出し、過疎化がすすんでいる。この本の舞台となった四万十川流域などは、典型的な過疎高齢化社会である。このため、過疎地域ではゴルフ場などのリゾート施設をよびこむ傾向があり、それが新しい環境破壊となっている。

どうすれば現代において、都市化とくに東京や県庁所在地への一極集中をとめることができるのか。どのようにして、都市と農村が共存できるのか。この解答がでなければ、都市も農村も荒廃した住みにくい社会がつづいていくであろう。それは地球全体で、環境保全と貧困の克服のために南北問題をどう解決するかという課題につながっている。

『流域』の「菊枕」では、さいごに都市の華子と農村の畑野の結婚を暗示して、ひとつの解答をしめしているかにみえる。だが、現実の社会はそれで解決するわけではない。都市と農村の共生の課題は、小説の域をこえた社会科学の領域の問題であり、直接には政治家の仕事であるといわれるかもしれない。だが、いまや僻村塾理事長としての高橋治は、この課題の解答をしめす重い任務を背負っているといえよう。

『流域』の読者は、四万十川流域の自然と人間の関係に、おそらく共感とあこがれをもつであろう。そして、このような農山村の維持可能な発展こそが、同時に都市の文化を維持する原動力となるという高橋の考え方に、同調するにちがいない。

高橋は、いまそれを小説の世界にとどめず、現実の社会に実現するために、白山麓を中心に教育活動をしているのである。読者のみなさんもぜひ彼に一臂《いっぴ》の力をかして下さい。

愛惜の第四高等学校

「秀才がバカになる」

二〇〇一年五月下旬、恵那峡で一九五〇年卒業の四高の文科乙類（ドイツ語専攻）のクラス会がひらかれた。クラスは三七人が在籍していたが、死亡五人で生存者の半分の一六人があつまった。ちょうど私が滋賀大学の学長に推せんされたこともあって、クラスメートは祝盃をあげてくれた。このクラス会はほぼ毎年ひらいているのだが、実に出席率がよい。四高（これは「死ぬまでがんばるので」しこうとよぶといわれているが、それはともかくよんこうではない、第四高等学校の略称）は、日本最初の高等学校（一八九三（明治二六）年までは高等中学校）のひとつとして、一八八七（明治二〇）年に設立され、一九五〇年に廃校になるまで、六二年間で一万一八〇四人の卒業生を出した。

二〇〇一年一〇月に全体の同窓会をおこなうが、生存者約三千人中、一千人をこえる卒業生が金沢にあつまる予定である。私たちが最後の卒業生で、この下に新制度へのきりかえのために、一年だけで修了したクラスがあるのだが、この「若輩」も古稀をこえている。そのような高齢者が、なんと一千人もあつまるというのだから、廃校となった四高への思慕の深さは尋常ではない。

この旧制の高等学校というのは、他国にはあまり例のない制度であった。旧制の学制は、小学校六年、中学校五年（ただし四年から飛び級進学可能）、高等学校または高等専門学校三年、大学三年であり、大学は専門研究機関、高等専門学校は高等実業教育機関とされていた。そして大学（とくに帝国大学、戦後は国立大学）に進学できるのは、戦前には原則として高等学校出身者であり、戦後もそれ以外の出身者は少なかった。高等学校は男子のみの進学校であり、このため、戦前には東北大学など一部の分野でのみ、女子学生の入学を許可するにすぎなかった。

高等学校がこのように大学の進学のための予科のごとくつくられたについては、異論もあり、改革の時期にはつねにその性格が問題となったが、廃校までそれはかわらなかった。

このような制度をつくったことについて、森有礼文部大臣は、欧米の学術文化に早急に追いつくために語学をはじめとする基礎学力の早期育成を目的としたのだといっている。高校のカリキュラムはそのことをあらわしていて、文科の場合、第一外語の時間が一週に九—十二時間あり、第二外語は六時間で、まるで外語学校のような状況であった。

私たちの学年は理科甲類（英語を第一外語とし、主として理、工学部へ進学、約四十人定員三クラス）、理科乙類（ドイツ語を第一外語とし、主として医学部進学、二クラス）、文科甲類（英語第一外語、二クラス）、文科乙類（ドイツ語第一外語、一クラス）で、約三百人であった。

作家の飯沢匡《ただす》は「旧制高校は秀才をバカにするところだ」といった。この「バカ」という皮肉

には、いろいろの意味がこめられてあり、彼はこの体験が人生にとって貴重であったといってい
る。つまり、ガリ勉人間、専門官僚主義的エリート人間でなく、裸の人間としてのつきあいをし
た場が旧制高校だったというのである。

旧制高校は明治末期にできた八高（名古屋）まで、全国に八つしかなかった。これをナンバー・スクールといっている。一九一八（大正七）年、高等教育の大衆化とともに、たくさんの高校や高専ができたが、それでも一九二八（昭和三）年、国公私立の高校の学生数一万九六三二人、国立大学の定員二万二五八六人で、高校生の数の方が下まわっていた。

戦後の混乱期には、海軍兵学校や陸軍士官学校の復員者、植民地にあった四つの高校・大学予科、それに制限がなくなって進学希望の高専卒業者が大学受験をしたために、高校出身者でも、旧制国立大学へ進学できない者が少数でたが、通常であれば、高校にはいれば、大学への進学は容易であった。東大や京大の文学部は定員割れが常態であったし、文科系の他の学部では、戦前には無試験のところも多かったのである。

戦後、想像もつかぬ受験戦争にまきこまれた私たちのクラスでも、私立大学に進学したのは皆無で、学年全体でも一人か二人であろう。「慶應、早稲田が大学ならば、チョウチョ、トンボも鳥のうち」というひどい俚諺があたりまえのように庶民の間でうたわれたのは、こういう高等教育の官立校中心のエリート養成制度のためであった。

こうして、高校にはいるのはむつかしいが、はいれば自由を謳歌し、理科生、文科生を問わず、哲学を論じ、文学・芸術に身をこがしたのである。少数教育であり、寮生活の経験もあって、濃密な人間関係が、教師と生徒、クラスメート、上級生と下級生の間に成立し、この人間関係のなつかしさが、先のように同窓会を盛況にさせる。

だがそれだけではない。これまで四高出身者の紹介で書いたように、金沢の街の性格、そして市民と四高との交流が、独得の共同社会をつくったのである。

最近、学生の教養あるいは基礎学力の低下、さらに社会への無関心などがとりあげられ、旧制高校の復活を叫ぶ人がいる。しかし、これは時代錯誤だと思う。戦後の改革には欠陥があったかもしれないが、少なくとも高等教育の大衆化に成功し、この新制大学の卒業生によって、戦後の経済の高度成長と教育・文化の民主化がすすめられたのである。男女共学による高等教育の民主化をとっても、旧制度よりすぐれていることはいうまでもない。官立大学に比して私立大学が発展したことも、のぞましいことである。

にもかかわらず、旧制高校がいまなお教育の理想としてとりあげられるのは、ひとつには高等教育、とくに一〇代の終りから二〇代前半にかけての人格形成に果した高校教育の資質の豊かさであろう。私は『環境と自治』(岩波書店、一九九六年)にも紹介したことがあるのだが、ここでも四高時代の教師の思い出を書いて、四高の魅力をのべてみたい。

四高教師賛歌

四高を語る時に第一にのべねばならぬことは、教師の高い人格、広い教養そして深い学問的業績である。旧制高校は語学学校といわれたが、四高の語学の先生は、今日のどこの大学の文学部教授にしても恥ずかしくない高い水準であった。ケラーやゲーテの伊藤武雄《いとうたけお》先生、ニーチェの秋《あき》山《やま》（朝日）秀夫《ひでお》先生、ドイツ文化論の西義之《にしよしゆき》先生、大衆文化論の小松伸六《こまつしんろく》先生、ハーディの大澤《おおさわ》衛《まもる》先生。まさに綺羅星のごとくである。伊藤先生は講義も厳格で、ドイツ語以外の会話をゆるさなかった。エピソードをひとつ書こう。

かつて、私が当時の東京都立大の柴田徳衛《しばたとくえ》教授とともに学界へのデビュー作として『地方財政』（一九六三年、有斐閣）を出版した時に、この本の思想を表現するものとしてゲーテ作「足もとを掘れ、そこに泉涌く」という詩を扉に書いた。一高出身の柴田はこれを高校で習ったというのだが、私は習ったおぼえがなく、出版したものの不安になって伊藤先生のところへかけこんだ。伊藤先生は即座に「これはゲーテでないと思う。君にそう教えたかね」といわれた。不肖の弟子は「先生、すみませんが、この詩の出典をたしかめてくれませんか」とたのんだ。

そして二年後、私は大阪市立大学へかわり、伊藤先生へのたのみをすっかり忘れてしまった。それから一〇年近くたって、伊藤先生から手紙がきた。わずか一行の詩のために、先生はゲーテ全集を全部あたったが、該当の詩はなかった。しかし、さいきん、たまたま秋山英夫さんからおくってきた「ニーチェ詩集」の中に、似たような文章があるので、原文にあたってみた。まちがいないことがわかったので、君のために訳しなおしてみたとして、次のように記されていた。

ひるむな　足もと深く　掘れば泉！
痴人《しれびと》はいう　〝そこは―地獄〟

これは私の座右の銘となったが、横浜出身のモダンな伊藤先生が終生を伝統文化の金沢ですごされた生き方をあらわすようでもある（伊藤武雄『舞台』北国新聞社）。四高教師の資質と教育者としての偉大さをあらわすために、もうひとりの東洋史の慶松《けいまつ》光雄《みつお》先生を紹介しよう。

慶松先生は、東大と京大に薬学部を創設し、また四高出身の慶松《けいまつ》勝左衛門《かつざえもん》の子息である。このため京大史学を出た後も、自然科学への興味をすてがたかった。一九三八年頃、先生は中国の地震史研究に関心をもった。世界中で長期にわたって正史や地方史があり、毎日の社会や自然現象の記述があるのは中国しかない。かねて地震学の研究者はこの中国の史料に注目していたのだが、歴史家でなければそれをよみこなし、信憑性を検証できない。

慶松先生はここに着眼して、中国の史料を自然史的によもうと考え、以後三〇年、中国の歴史書三千部以上を一日もかかさずよみ、地震の記録をカードにされた。これは戦時中の動員で生徒を連れていった先でもつづけられた。戦後の貧困な時代にも東洋文庫、内閣文庫、天理図書館など全国図書館所蔵の中国の正史と地方史を調査するために、家具も衣料も売りはらって、研究費にあて、実に数万枚のカードをつくられた。慎重な先生はすぐに出版せず、これをもう一度点検しているうちに、青天の霹靂がおそいかかった。

建国の意気にもえる中国科学院が一九五六年一二月、二年間の「人海戦術」の成果として『中国地震史料年表』全二巻（一六五三頁）を発刊したのである。ノーベル賞あるいはそれに匹敵する個人の業績であった先生の仕事は、ここに二東三文の値打ちしかなくなる可能性がでてきた。先生は当時、自殺したいと思ったそうだが、気をとりなおして、この中国科学院の年表を点検してみると、多くの人間が短期間にやっただけに、誤りやよみちがいがある。先生は一九六一年、これを指摘した『「中国地震資料年表」批判』を出されている。したがって、日本の『理科年表』の世界の地震史は、慶松先生の資料をつかっている。

失意にあった先生にたいして、地磁気学会は中国のオーロラに関する資料調査を依頼した。資料を厳密にあたっていた先生は、地震だけでなく、自然の変化についてもメモをしていたので、この要望に応えた。その結果、実に二一六件の記録をみつけたが、その中におどろくべき発見があった。ヨーロッパではチェコのプラハの修道院のオーロラ観察の記録がある。たとえば、プラハ（北緯五〇度）でオーロラが観測できた一一三八年一〇月の同じ日に、低緯度の中国杭州天文台（北緯三〇度）で極光（オーロラ）が観察されているのである。これは地磁気学会がかねて、地球の磁極が移動しているというSF小説のような仮説をもっていたのだが、慶松先生の論文によって、これが証明されたのである。

このように、慶松先生の研究業績は、数百の大学教授が束になってかかっても及ばない立派なものである。しかし、先生は「私は研究者としては愚鈍な存在に過ぎず、学制改革で大学教授となったが、その名に値せず、私は四高教授であったことを終生の誇りに思っている」といわれていた。

慶松先生がもっとも力をいれた一九四一年～四四年頃の担任クラスの学生は「ねとく会」あるいは「一八文科会」と名づけて、クラスぐるみで先生ご家族と交誼をつづけている。当時、学徒出陣で学園を去らねばならぬ時、先生は一人ひとりの学生をお宅によばれ、とっておきのジョニー・ウォーカーで別離の宴をはり、「かならず無事に生きて帰ってこい」と別れのことばを与えた。

生きて帰れず戦死した学生の中には、遺言状で先生へ後事を託したものがいた。戦後十数年たって四国に住むその御両親が、息子の墓碑をぜひ先生につくってほしいと依頼してきた。先生は一年かかって韻律のある追悼文を整序し、それを書にした。その上で上京して青山墓地に通い、技量の高い石工に彫り方を習い、それを四国の石工に伝えて、墓を設計した。死後の教え子の面倒をも徹底してみる、これが四高の教師であった。

慶松先生は戦後、思わぬ誹謗にあった。しかし、これは戦後の一部の四高生が、先生の学殖や教養を理解できなかった恥辱の一ページである。

私は理科に開講された東洋美術史と日本美術史を二年間継続して受講し、先生との交流があり、卒業後も同僚として、親しく交際させていただいた。このため、先生がどれほど四高を愛し、生徒の全人格を教育しようとしていたかを、つぶさに知ることができた。先生は、滝川事件の時の京大の学生大会の議長をつとめて血の気も多く、一九六〇年の安保闘争の時には教師の先頭に立つような正義漢でもあった。

自ら書をよくし、写真もプロ級であった。一九七六年七月三日、慶松先生はかねて念願の白山の高山植物を撮るために、後輩の山形大学山岳部のメンバーと共に登山された。一行は頂上をめざし、先生はそのちかくのお花畑で撮影をされていたが、夕闇せまっても山小屋へかえられなかった。一行がお花畑一帯を探しに帰ったところ、先生は写真機をかまえられたまま、花の中に埋もれるようにして倒れていた。

四高よさらば

四高生が最も愛する寮歌「北の都」に、「自由のために死するてふ、主義を愛して死するてふ、おのこの生意地《いきじ》いまもなお、岩に砕《くだ》きてくだきえじ」というのがある。

昭和の初期の治安維持法の時代に、四高は社会思想の研究会を発展させた。弾圧がくりかえされたが、戦争末期には朝鮮人留学生のマルクス主義研究会ができるなど、社会主義をもとめる研究や運動はさいごまでつづいた。

さいきん、友人の故深井寛の遺稿をもとに、戦後四高学生史刊行会が『戦後四高学生史』（勁草書房、二〇〇一年）をつくることになり、その手伝いをした。その中で、戦争中にも、そして占領下でも、四高の学生は自由と主義を守るために、種々の抵抗をしていることが記録されている。

いま、日本の高等教育は歴史上最大の変化にみまわれようとしている。国立大学を再編し、独立法人化し、民間企業の経営の手法をいれようというのである。私たち四高の生徒は、一九四九年に占領軍の提示した大学管理法に反対して、教師とともに授業を管理し、デモをおこない、市民に大学の自治を守れとアッピールし、運動の全国的な広がりの中でこれを廃案にした。四高生は未来の大学のために活動したのである。

しかし、いま、このかつての大学管理法とよく似た独立法人化問題で、大学生が決起するとか、集団討議をするという話は聞かない。大学制度については国立大学の学生は無関心である。ましてや私大生は関係ないと思っているのでないか。高校生にいたっては論外である。「学生が政治に無関心になる国は亡ぶ」といわれるが、自らの生活に関係している大学制度の改革に学生が無関心になっている状況は、日本の将来を暗示させる。

戦後、占領軍は教育制度の改革について指示を出したときに、旧制高校をふくむ高等教育については、日本の教育刷新会議に検討をまかせた。旧制高校のような制度のないアメリカ人には、判断ができなかったともいわれている。しかし、GHQは日本の教育が研究は大学、実業(専門)教育は高専と複線型になっていることに反対し、研究と教育を大学一本に単線化し、どのような新制高校からも進学できるように、大衆化すべきだという基本線はしめしていた。当初、旧制高校の校長は、旧制高校こそ自由と民主主義の理想の全人教育をおこなってきており、廃止には反対といっていた。ところが、占領軍の大衆化政策にたいする対案はない。新制度の中で、旧制高校教育の伝統をつぐような一般教養のカレッジをつくる構想などがでたが、きめ手のないままに、新制大学の編成はすすんだ。

のりおくれては大変と考えたのであろう。国公私立の高校校長は、突然、高校の廃止をみとめ、新制大学への編入にうごくのである。(詳しくは、『戦後四高学生史』序章参照)。四高は教師自らの手ですてられた。

新制大学成立後も、かつての旧制高校の教養教育を復活させるうごきは何度かあった。文部省も腰がすわらず、教養部をつくったり、こわしたりして、今日では先述のように、学生の教養不足が深刻となっている。とはいえ、旧制高校の復活は不可能である。

むしろ、いま必要なことは、東京一極集中を是正して、地方の大学を発展させることであろう。それは、分権の時代における地方文化の殿堂として大学を発展させることであるとともに、かつての四高生が金沢という都市に育てられたように、地方の文化や環境に育てられることが、いまの若者に必要なのである。これは、小泉内閣が財政経済諮問会議に提出した「遠山プラン」による、ビッグ30の大学に研究費を集中するという案とは反対である。

一九五〇年三月、私たちの四高最後の卒業式がおこなわれた。文乙のトップであった小西洋一が全学年を代表して、答辞をよんだ。そこには、四高廃校にたいする万感のなげきがあり、しかし、同時に、これを土台に未来社会をつくろうという若者の決意がこめられていた。

この矛盾した心情は、二度と母校にかえることのできない世代にしか経験のできなかった挽歌であろう。

都市思想を斜めによむ

「学者市長」関一の「少酌」

大阪商科大学創立

関一《せきはじめ》とお酒のことについて書きたい。関一は日本都市史上、理論と実践をかねそなえた最高の市長であった。しかし、この偉大な人物について、一般にはあまり知られていない。

そこで、まず関一についてのべてみたい。関一は、東京高商（現・一橋大学）において、交通政策・工業政策や社会政策を担当し、福田徳三・佐野善作とともに「一橋三羽烏」といわれ、令名高い教授であった。彼は、東京高商を大学に昇格させることに二度も失敗したこともあって、学界に絶望し、乞われて一九一四（大正三）年、大阪市の助役となり、ついで一九二三（大正一二）年、市長となり、一九三五（昭和一〇）年、腸チブスのため現職のまま死ぬまで、実に二〇年六カ月にわたって、近代大阪の建設に従事した。

当時の大阪は日本資本主義経済の中心地として、自由な発展をとげようとしていた。関一は、この大阪に必要な産業基盤をすべてつくりあげたといってよい。パリのシャンゼリゼに匹敵する美しい銀杏並木と高さ三三メートルで揃えた街なみをもつ御堂筋などの道路、大阪港、壮麗な橋梁、地下鉄、上下水道などは、関一の手で計画され建設されたものである。

大正末期には日本最大の都市は、東京市ではなく大阪市であり、阪神工業地帯は京浜工業地帯にくらべ、生産高は約一・五倍であった。この経済力を背景にして、彼は自らの都市政策と都市経営を実践したのである。

だが、関の真骨頂はこのような社会資本建設にあっただけでない。彼は次のようにいっている。

「上を向いて煙突の数をかぞえるだけではだめだ。下を向いて労働者の生活をみよ。」

これは今日、工場やゴルフ場の誘致に狂奔する市長には耳の痛いことばだが、彼は大原社会問題研究所の高野岩三郎の助力をえて、日本で最初の労働者家計調査や住宅調査をおこなった。そして、労働者住宅、保育所などの社会施設、公営市場、大阪城の再建とその公園などをつくっている。新田次郎の小説『ある町の高い煙突』で有名な日立煙害事件を解決した鏑木徳二博士などの指導をえて、日本で最初の大気汚染常時観測をはじめ、煤煙の規制をはじめている。

関一の時代は、東京高商の大学昇格の失敗にみるように、経済学・経営学・商学などは法学や哲学とちがって蔑視されていた。彼はドイツ留学中にケルン商科大学などが市民の手でつくられたことに学んで、一九二八（昭和三）年、大阪にはじめて自治体の手になる大阪商科大学（現・大阪市立大学）をつくった。その創立の精神を次のようにのべている。

「今や大阪市が市立商科大学を新に開校せんとするに当って、よく考えねばならぬ事は、単に専門学校の延長を以て甘んじてならぬ事勿論であるが、又国立大学の『コッピー』であってもならぬ。……学問の研究が中心であると共に、その設立した都市並に市民の特質と、その大学の内容とが密接なる関係を保つべきことを忘れてはならない。……大阪市立大学は学問の受売卸売の市場ではない。大阪市を背景とした学問の創造が無ければならない。此の学問の創造が、学生、出身者、市民を通じて、大阪の文化、経済、社会生活の真髄となって行く時に、設立の意義を全くするものである。」

この立派な建学の精神にもとづいて、この大学は日本で最初の都市学科である市政科をつくり、その主任教授に都市計画法の作成者であった神奈川県知事池田宏を採用している。この市政科にあこがれて全国から俊秀が集まり、卒業後、全国の都市の行政に貢献した。いまなお続いておれば、世界でもユニークな大学になったであろうが、関の死後、戦争中にこの市政科はつぶされてしまった。

関一は無計画な資本主義に反対であったが、マルクス主義にも反対で、自らを社会改良主義者と規定していた。彼は中央集権に反対で、徹底した分権論者であった。ビスマルク流の国家社会政策でなく、都市社会政策という独自の政策をうちたてた。

彼は助役時代に『住宅問題と都市計画』という大著を出版した。その中で近代パリをつくって有名なオスマンの都市計画は、為政者の権威のために「道路中心、美観主義」であると批判し、自らは市民のために「住宅中心、衛生実用中心主義」でなければならず、「一の小道にも理想がつらぬかれていなければならぬ」とのべている。彼の都市政策の目的はひとくちでいえば、「住み心地よき都市」つまり現代の市民が理想とする「アメニティのある街」をつくることであった。

『関一日記』

このように偉大な関一について、戦後日本では、ほとんど紹介も評価もされなかった。後藤新平の名は知っていても、それ以上の仕事をした関一の名を知る東京人は少ない。実は大阪市大の学生すら、この創立者の名前を知らず、市民の多くは彼の銅像が中之島公会堂の前に立っていることを知らなかった。一九七〇年代の初めにいたるまで、関一を学界でとりあげたのは柴田徳衛さんをのぞけば、なかったといってよい。なぜか。

それは日本人が地方自治の重要性を認識できず、歴史が都市政策の中でつくり上げられていくことが解らなかったからである。それに加えて、日本の研究者とくに左翼の研究者は、改良主義が理解できず、頭から嫌悪するために、関一の評価が不可能だったのであろう。

しかし、一九六〇年代に革新自治体が成立し、具体的な都市政策が必要になってくると、実務家だけでなく、学界にも現実的な政策科学の必要が認識されるようになった。折から世界的に都市史や都市学の研究が活発となった。岩波書店が『岩波講座　現代都市政策』を大胆に出版したこともあって、この分野が学界でも注目をあびるようになった。しかし、関一の研究がすぐにすんだ訳ではない。

一九八一年暮に、カリフォルニア大学バークレイ校の院生、ジェフェリー・ヘインズ君が、関一を中心にした大阪の都市政策について、当時、大阪市大にいた私のところで博士論文を書くために留学したいといってきた。彼は大阪には関一の研究者が揃っていると考えていたのであろうが、事実は、芝村篤樹《あつき》氏をのぞけば、誰も研究していなかったのである。まさに「黒船の来航」で、私はあわてて、大阪の研究者によびかけて「関一研究会」をつくった。

この研究会では、まず関一の日記などの遺稿がないかを調べることにした。関の家族や側近の人達に会ってヒヤリングをしたところ、あの多忙な市長には、日記など書くひまがなかったということで、ほぼあきらめかかっていた。ところが、関一の孫にあたる淳一さん(関一の二男秀雄氏の御子息で現・大阪市助役)から、遺品が偶然に戦災にあわず未整理のまま置いてあるという報せをうけた。この中に待望の日記が発見されたのである。

関は明治の人らしく、備忘録としてノートや大型手帳に毎日、かんたんな行動を記していた。「関一研究会」は日本生命財団の援助をえて、一九一二(明治四五・大正元)年から一九三三(昭和八)

年までを『関一日記』（東京大学出版会、一九八六年）として出版した。これは都市史の研究者はもとより、自治体関係者には必須の資料である。

関の一橋での講義は謹厳で地道なものであったというが、この日記も私的なものでなく、行政者としての行動の記録が中心となっている。しかし、日記であるから、家族の動静、時局にたいする個人的な見解がつけくわえるように書いてあって、関一の生々しい生活の一端や人間像をかいまみることができる。

たとえば、一九一五（大正四）年四月一一日の日記には、次のように書いている。

「……十時　産業博覧会開会式アリ　終リテ知事市長ニ随テ難波和田琺瑯製造工場ヲ見ル　輸出品ヲ製造スルコト少カラズト云フ　サレド工場ノ狭隘不潔ト工程ノ非文明式ナル実ニ大阪工業ヲ代表スルモノト云フベシ　工場法施行ノ必要ノ大ナルヲ感ゼザルヲ得ズ　午後三時ヨリ堺卯樓ニ和田工場ノ祝宴アリ　列席」

おそらく知事、市長や財界人はこの新設工場を視察、賞賛して祝賀会にのぞんだのだろうが、関はこれを大阪工業の共通の非近代的欠陥として批判しているのである。この二日あとの日記にも、大阪の石鹼工場が、石鹼の中に五〇～七〇％も小麦粉を混ぜて中国へ売っていることを批判している。関はこういう大阪を近代化したいと考えて努力したのである。

『関一日記』をよんでいるうちに、妙なことに気づいた。たとえば、一九一七（大正六）年、三月一九日には次のようにある。

「午前十時出勤　十一時ヨリ築港運河披露会ノ為埋立地ニ赴ク　此日風雨烈シキニ拘ラズ来会者五百名ヲ算ス
夕平鹿大和屋ニテ小酌」（傍点は筆者）

関はその日のうちに記述できず、翌日の往復の車の中でこの日記を書いていたこともあるようである。そのような日常の多忙な記録の中で、この「小酌」あるいは「少酌」という文字が目につくのである。興味をもって「少酌」と「小酌」をひろってみると、『関一日記』の中に、実に一六二回でてくる。側近の方や家族の方に聞くと、お酒は大好きで晩酌は絶やしたことはなかったという。

関一の日常は、朝八時から一〇時までは読書または原稿を書く。この間、解らないことがあると、大学の教師をよんで質問をする。財政学者藤谷謙二《ふじたにけんじ》教授によると、関さんの質問は大学の教師以上に専門的で、身が縮む思いがしたという。それから登庁するが、各所への市長のあいさつは助役にまかせ、ひまがあると若手の職員を市長室に集めて、原書の輪読会をひらいていたこともあるという。しかし、日記をみるかぎり、おそろしく多忙で、午前一〇時以降は陣頭指揮で現場にいっており、夜は関係者との懇談や宴会をこなしている。この中でまるで忙中閑ありのようなかたちで「少酌」という文字がはいってくるのである。

「少酌」をする場所は大体三～四カ所にきまっていて、大和屋がもっとも多く、丸屋などがお気にいりだったようである。公的、集団的な宴会やパーティの記述とは、はっきりと区別してあり、必ず、その行事の後に、ごく少数の知人や部下をつれて「少酌」をするのである。いってみれば二次会なのだが、「少酌」と書いてあると独得の余韻がのこる。市長になると、ほとんど毎晩くりかえされる「公務」の最後に「少酌」とあると、いかにも、ああ一日は終ったぞという安らぎがみえるのである。

日記には稀にであるが、「大酔」とか「宿酔」とでてくるのがほほえましい。印象的なのは一橋時代に、東京高商と東京帝大法科大学経済学科を統合し、一橋に校舎をおく東京帝国大学商科大学を創立する運動をして、ほぼこの案に文部省が納得した段階で、突如、横槍がはいる。要するに高商がごときを大学にできぬという大時代な帝大中心主義者の反対である。

関らは落胆し、昼から夜の一二時まで飲んで宿酔している。その翌日の一九一三（大正二）年十二月七日の日記には、次のように書いている。

「前日ノ宿酔尚醒メザルニ福原（文部）次官来訪面会セルニ商大問題ニ付勅令ノ点ガ異論ノ中心ナラバ何トカ工夫ナキヤ　文部モ譲歩スベク将来見込如何トノコトナリ　之ニ関シ余ハ現下ノ状況ノ大要ヲ述べ　次官ハ更ニ大臣トモ相談スベシトシテ辞シ去ル
正午次官再度来宅　文相ト相談ノ結果大臣ヨリ更ニ渋沢（栄一）、中野二氏ニ相談ヲ持出スベシトノコトヲ聞ク……」

近年の多くの学長は、大学や学部の設立にあたっては文部省に日参し、課長補佐あたりにまで気を使うというが、この時代、文部次官が一教授の私邸に日参しているのである。関の政治力をしめしている。それはともかく、毎晩飲めば、二日酔も相当あったのであろうが、そのために仕事を休んだという記述は、数件にすぎぬ。

関の酒席は楽しく、きれいなものであったようである。早く帰宅した時は家族を集めて飲みながら談笑するのを楽しみにしていた。糟糠の妻であるげんが一九三二（昭和七）年に死んだ後は、末子でまだ女学生であった和代さんが晩酌のお相手であった。関は少しおそく帰ってきても、和代さんを呼び出して、一日の話を聞かせて楽しそうに飲むのである。彼女は昼間の疲れで途中で眠くなり、父の話を子守唄にときどきコックリコックリすることもあるのだが、それでも父の楽しそうな姿をみると、晩酌のお伴はつづけたという。

家族思いの関

関一は御堂筋や地下鉄の建設にあたって、地主から受益者負担金をとって反対をされたこともあるが、概して市民からは敬愛されていた。宝塚や松竹歌劇の演出家であった香村菊雄《こうむらきくお》氏によれば、市民は「市長」といわず、「関さん、関さん」と愛称していたそうである。

関は料亭に出入りしていたが、浮いた話はない。しかし大変な人気だったようで、関がきたとなると、芸者や仲居は争って給仕に出たがったという。いまから十数年前に『上方芸能』編集長で立命館大学時代の私の同僚であった木津川計さんの案内で、昔料亭を経営していたという女性にお会いした。彼女は娘時代にたまたま、関がくるときいて、どうしても一目みたくて、母親にたのんで給仕に出た。彼女は感激でお酌の手がふるえたといっていた。そして、私に、「先生、あの方は姿形《すがたかたち》の実によい人でおましたなあ、あんな美しい市長はんはもう出ましまへんなあ」と頬を染めて語ったものである。

関一は家族思いであった。長女静江がなくなった時には、手ずから遺稿集「折鶴」をつくって、女学校に配り、墓におさめている。日曜日は必ず家族と旅行するか、桑津村の小別荘にいっしょにいって過している。一九三三（昭和八）年、二男秀雄が共産党事件で逮捕された。市議会では反対党はこれをとりあげて、関に辞任をせまり騒然たる状況となる。関の晩年、最大の危機であった。日記にはこの間の事情はたんたんとしているが、秀雄宛の手紙では、実にめんめんと、自らの考えをのべている。秀雄は一年後、転向出獄して就職することになる。その秀雄の社会人への出発にあたって、次のように「秀雄ニ与ふ」と日記に書いている。

「始めて社会ニ出て仕事ニ就く心得として努めて多数の人の意見を聴きて後自分の考えを決定すること　社会は決して一人の力で動くものでない……時代を解すること
酒は飲むべし　飲むべからず　矛盾に充みた《（ママ）》《（みちた）》社会を理解すべし　修養は一生心掛け《（ママ）》べし
其為ニハ適当に書籍を選択して読書すべし　読書を怠ったものの出世出来たものなし　英語や独逸語は忘れぬ丈ニ本を読むこと」

一九三五（昭和一〇）年二月一日、関一の葬儀が大阪市葬としておこなわれた。市民の歎きは深く、実に八万人の市民が参列した。ＪＯＢＫ（当時のＮＨＫ）は約一時間にわたり実況放送をした。空前絶後のことであろう。

マンフォードの「人間のまち」

二十世紀を代表する思想家の一人、ルイス・マンフォード（Lewis Mumford, 一八九五—一九九〇）が死んだ。今日、東欧の変革の思想となっている「人間の顔をした社会主義」を最初に提唱したのは、マンフォードが一九三八年に書いた『都市の文化』（翻訳・鹿島出版会、一九七四年）であろう。彼は独占資本主義の申し子としてのヒトラーのナチズムを、人類の文化を滅亡させるものとして激しく批判する一方、党派的なスターリンの社会主義にも訣別して、独自の「人間社会主義」を主張したのである。

『都市の文化』はエコロジーにもとづいて古代以来の都市の歴史と未来を展望したもので、おそらく今世紀の古典のひとつとなる傑作である。私が大学卒業直後の助手時代に、都市論の中に新しい経済学の課題を発見したのは、この本によってである。マンフォードの『都市の文化』に魅せられて運命をかえた人間は、私だけではない。

ナチの占領下、強制収容所にいたあるポーランドの建築家は、この本こそ戦後の都市再生の教科書だと考えた。彼は処刑される時に、他の建築家にこの本をゆだね、その建築家は、また処刑される時に、この本を守るように次の建築家にゆだね、これがつづいて戦争の終わった時に、この一冊の本が残ったという。このように命を賭けて残す価値のある本は、そうざらにあるものではない。

マンフォードは都市を生物と同じように生成・発展・死滅すると考え、「都市輪廻《りんね》説」を唱えた。この考え方は、以後の多数の著作の核心をなしている。このため、彼は都市化が無限につづくと考えるようなJ・ゴットマンのメガロポリス論と対立した。

ゴットマンは一九六一年の著書『メガロポリス』で、ニューヨークなどアメリカ東部の五つのメトロポリスが高速道路によって結ばれて、一つの大都市地帯をなしている状況をみて、同論を提唱した。彼はこれを古い都市概念をかえる文明の実験室とした。そして、この広域に点々と住居の広がる「星雲状の大都市」こそ、都市と農村の対立を除去し、都市の発展と考えたのである。これは日本の「四全総」（第四次全国総合開発計画、一九八七年閣議決定）の思想でもある。

マンフォードは、このゴットマンのメガロポリス論を反都市論として、手きびしく批判した。マンフォードの批判は、都市が無際限に大きくなり、その広域化にあわせて巨大都市行政がおこなわれれば、官僚が支配し、都市の果たすべき基本的仕事がなくなるというのである。大都市の市民が遠隔の田園地帯に分散し、自動車や鉄道などで長時間の交通を日常するようになると、社会活動をする時間も労力もなくなり、市政への関心をなくし、政治への参加はもとより住民運動もしなくなり、都市は危機におちいるというのである。

大きい空間と流動性をもとめるアメリカ人の信仰は、たとえば、都市の工場や大学を移転するが、これはマンフォードによれば反都市的行為である。

マンフォードは『都市の文化』を書くにあたって、ニューヨーク市を端から端までなんども歩いて実態調査をかさねた。その結論として、独占資本主義、信用経済、金銭的名声というメガロポリス・ピラミッドの三面が、無計画な人口の広域化と企業の過密をすすめ、やがて地価上昇や犯罪などの都市問題をひきおこし、その解決を公共部門にゆだねる結果、市当局と国家の破産へとみちびくとして、今日の欧米の大都市の衰退を予言したのである。

この都市問題による経済・財政危機が「死の都市」へみちびく原因のひとつなのだが、マンフォードがそれ以上に都市を衰退させる要因として重視したのは、市政にたいして住民が無関心となり、都市がテクノクラートに独占されて住民不在となることであった。

マンフォードは、フランスの建築家ル・コルビジェの『輝く都市』構想にあるような、超高層ビルを何重もの高速道路によってむすぶ機能的都市・空間論も激しく批判した。マンフォードはル・コルビジェの計画が歴史の重みをもった伝統的形態を軽蔑したため、過去とのつながりを失っただけでなく、現在に関しても多くのものを失ったとしている。

さらに彼は、都市は人間のまちであって、空間や建物でなく、また自動車交通中心の「駐車場のまち」でもないといっている。彼によれば、現代の空間計画は対話のない町をつくったが、これは、十九世紀の機械化と規格化という考え方を過大に評価して、人間的目的を尊重しなかったためだという。

イタリアのボローニャ方式のように「保存こそ革命」として、美しい中世都市の町なみを保存し再生する都市政策が一九七〇年代以降、欧米ではとられるようになったが、これはマンフォードの主張が実ったものといってよい。

彼は現代の大都市を破壊する二つのやり方を、ビジュアルに次のように述べている。ひとつは、都心の中に高速道路をつくること、もうひとつは、郊外に高層建築群をつくることである。

このマンフォードのわかりやすい警告は、日本ではまったく採用されなかった。『都市の文化』をはじめ、やはり名著の名の高い『歴史の都市　明日の都市』(新潮社)など主要な彼の業績は、建築家の故生田勉《いくたつとむ》東大名誉教授の手で翻訳され、綿密な紹介がされた。にもかかわらず、ゴットマンのメガロポリス論やル・コルビジェの「輝く都市」論は日本列島をかけぬけたが、マンフォードの思想を具体化する都市計画家や行政官は少なかった。

その証拠に東京では日本橋をまたぎ、大阪では中之島の景観を破壊して、都心に高速道路がつくられた。

マンフォードの理論の中には、現代のニュータウンにいたる田園都市賛美論などの問題点もある。しかし、市民の知的参加によって「人間のまち」をつくろうとした彼の思想は、企業経済空間の都市づくりに専念して失敗した日本人にとって無限の教訓をあたえているのではないだろうか。

ウィリアム・ペティの生涯

ウィリアム・ペティ（一六二三～一六八七）は、イギリス革命の最中に生きた人で、イギリス革命の申し子といっていいと思う。同時にイタリアで花咲いたルネッサンスがフランスへ移り、そのフランスでまた開花したルネッサンスがイギリスへいくというかたちで――イギリスルネッサンスということばはないが――ちょうどその頃に、イギリスの諸科学や諸文芸が開花していくわけだが、その時期に生きた人である。

マルクスは『剰余価値学説史』の冒頭に、ウィリアム・ペティをあげて、ペティこそ近代経済学の創始者であるという非常に高い評価をしている。というのは、ペティは労働価値説の創始者で、はじめて経済学を科学的に体系化し「富の母は土地であり富の父は労働である」という有名なことばを残しているからである。つまり、経済的な財貨の実際の根源はなにかというと、労働にあるのだということを、最初に理論的にあきらかにしたということで、科学的経済学の創始者だといわれている。同時に、財政学の創始者でもあり、後に述べるように近代統計学の創始者でもあって、いわば社会諸科学の幕をひらいた人物と考えていいと思う。

生い立ちの記

ペティは一六二三年五月二六日、南西イングランドのハムプシャーの小さな港町ラムゼーで生れた。ペティの父は貧しい羊毛織元で、新しい産業資本家の卵として、イギリスの資本主義をおしすすめていく、当時としては最も革命的な階層の一部である。このような階層の一員として、彼は反王党派だった。当時、イギリスは絶対主義王制の勢力下にあったのだが、彼の階層が王党嫌いだったということはまちがいないと思う。

ペティは少年時代から大変早熟で、剽軽《ひょうきん》な少年だった。彼の最大の楽しみは街に出ることで、鍛冶職だとか時計師だとか大工、指物師の仕事をみていて、その真似をするのが大好きだった。それだけではなく語学が好きで、一二歳の時にラテン語をなまかじりにしていて、その後ギリシア語、数学、応用幾何学、天文学、航海術というような、いろんなことに興味をもち、昔は学校がないから、いろいろな人について勉強していたようだ。

一三歳の時、彼は何を想ってか、六ペンスだけ懐に入れてイングランド商船のキャビングボーイとして働くことになった。ペティはひどい近眼で、写真がのこっているが、その写真をみても近眼だとすぐわかるような、とにかくすごい近眼だった。ある日、船の上で働いている時、階段をふみはずしてデッキからころげ落ち、足を折ってしまった。ふだんから少しこましゃくれた少年で、いろいろ知ったかぶりをするものだから、大人の船員たちは困っていて、こんな奴とつきあうのはかなわないと思っていたものだから、足が折れたのはいい機会だというわけで、この少年を捨てていこうと考えた。その結果、彼は、フランスのノルマンディの海岸に捨てられてしまった。おそらく、そのままだったら餓死してしまったと思う。

偶然なことに、彼が捨てられた次の朝早く、ジェスイット派の僧侶が海岸へ来てみると、子どもがシクシク泣いているのをみた。だいたい僧侶というのは天啓をうけるというか、朝まだあけない頃歩いていて何かにぶつかったりすると、神のお告げだと思う、そういう思考方法をとりたがるわけだが、その時も、もやの中で子どもが泣いているのをみつけて、これは神の子ではないかと思って、ドキッとした。冗談半分にラテン語で問いかけると、彼はラテン語をかじっているから、ラテン語で答えた。それでこのジェスイット派の僧侶は、ペティをまさに神の子と思って腰がぬける位驚いた。それで、この子を救ってどうしても養わなければならないと考え、自分の経営する学院の生徒にして、そこで一般的な教養をおしえた。

ところで、ペティはこの頃のことをしゃべるのをいやがっていたという記録がある。ペティと同時代人のオーブリーが書いた伝記『ブリーフ・リーブズ』（同時代人の短い伝記）という有名な本があるが、これによると、その頃ペティはにせ宝石商をやっていたらしい。彼は早く国へ帰りたくなって稼ぐことを考え、インチキな石を宝石だとだまして売って歩いていたらしい。同時に英語とラテン語を船員などに教えて、そのかわりフランス語を習うという、学問と商売を平行してやっていた。まもなく旅費もたまり、一六四一年、一八歳の時イギリスへ帰り、家業を継ぐ。

この頃の状勢は、一六四〇年に第一回革命が起きて、ヨーマン（独立自営農民）を中心にしてクロムウェルに率いられた有名な鉄騎軍が王党軍を打ち破って、ついに王を処刑にした。王を処刑するという激烈なる革命という意味でいえば、フランス革命よりイギリス革命の方が先にやっている。

ペティは、この革命の時代に大陸へ渡る。そしてオランダで二年、フランスで一年勉強する。オランダのライデン大学で医学と数学を勉強する。これより一世紀前、大陸ではコペルニクスの『天体の回転について』という論文と、ベッサリウスが書いた『人体の構造について』という解剖学の本の二つがでた。それらは当時、最も人気のある本で、彼は両方とも愛読していたが、どちらかというと人体の解剖学の方に興味をもって、医学の勉強をした。これはその後、彼のいろいろなものの考え方の基礎になり、社会の状態でも解剖して実証的にみようという考え方をするのは、この医学および数学をここで正式に学んだからだと思う。

一六四五年一一月、パリへ行くが、ちょうどその時、イギリスからチャールズ王子が亡命していて、家庭教師を捜していた。どういうわけかペティがその家庭教師に任命される。王党嫌いで王の軍隊に入るのがいやで、わざわざパリへ来ていた人物が、チャールズの家庭教師になるというのは、理由はよくわからない。生活のためなのか、彼の尊敬する友人ホッブズのすすめなのかわからないが、とにかく王子の家庭教師になる。

この時期、一六四五年から四六年のパリはルイ十四世の治世で、マザランが大臣をやっていて、フランスのルネッサンスの時代。小説でいえば三銃士、鉄仮面の時代。そしてまもなくマザランにかわってコルベールが宰相になる時代。フランス絶対主義の最盛期だから、ヨーロッパ文明の粋がパリにあった時代だと思う。この時期にパリでペテイがどんな影響をうけたかよくわからないが、彼の著作をみると、パリの影響よりもむしろ、オランダの影響の方が深刻だったようだ。オランダは不完全ながら市民革命が終っていて、封建制農業にかわって商業が発展していた時期。ペテイはフランスの絶対主義よりも、むしろ進歩的な産業が発展しつつある市民革命のオランダに深刻な影響をうけたということが、あとの著作でわかる。

一六四七年にイギリスへ帰り大学の教師になる。一六四九年には、オックスフォード大学で医学博士になり、五一年にはこの大学で医学の正式の教授になる。同時に音楽の教授もしていた。二八歳、当時としても大変若かった。大学教授の時代は、ほんの短い期間だが、その間に大事件が起こる。

彼は解剖学の先生だったが、解剖する死体がなかなか手に入らない。宗教の支配が強いから解剖されるのをいやがって、死体が集まらない。どうしたかというと、しばり首にあった人とか首を切られた人とか、そういう罪人の死体をもらってきて解剖の実験につかった。

ある時、若い女が不義密通をして子どもが生まれた。その不義をはたらいたということで、しばり首になった。その死体をペティがもらってきて、いざ解剖しようとした。当時の記録をみると、解剖は一人でできないので、何人かの教授がとりかこんでやろうとした。ペティがまず、ほんとうに死んでいるかどうか確かめた。確かにしばり首にされて運ばれてきたはずの女が、生きている——とペティはみた。他の人は死んでいるとみたが、ペティはこれは生きている、解剖中止だといって、その女を生きかえらせるのに全力を尽くした。そして、彼女はとうとう生きかえった。

この事件は有名になって、バラードがつくられ、全国に流布された。ウイリアム・ペティは死んだ女をよみがえらせた、奇蹟の医師だ。そういうバラードが全国にひろまった。若い大学教授が死んだ若い女を生きかえらせたということで、非常に華々しく感動的に物語られた。そのためにペティの医者としての名前がにわかに高くなった。

革命の中のペティ

それをきいた、当時の革命軍の首領であったクロムウェルが、この男をつかいたいと思い、大学の教授であったペティを突如ひきぬいて、自分の秘書兼アイルランド遠征軍の軍医にした。それからのペティは文字どおり、クロムウェルの側近として、革命のなかに身を投じていく。ここからペティの生涯の第二段階にはいる。これまでが、いわば大学の教授までの修業時代とすると、次はいよいよイギリス革命の当事者となって現われてくる。

一六四〇年にイギリス革命がはじまったが、革命というのはどの革命をみてもそうだが、いろいろな諸派の暗闘が続いていく。必ずしもある派がずうっと勢力を握って一貫して政権をとって一挙になしとげた革命というのはひとつもないわけで、諸派連合でもってはじまって、諸派内部の階級対立が革命後、陰惨なかたちで続いていくというのが、これまでの革命の歴史だが、イギリス革命の場合もむずかしい局面がいくつか起こる。

とくに全国から農民を集めてつくった革命軍だから、軍人は貧乏だ。何のために革命をやっているかというと、彼らは自分の生活をよくするためにやっているのだから、革命をやったあとの生活は、前よりよくならねばならない。革命に身を投じた人たち自らも、生活が向上しなければならない。当時は土地が一番大きな財産だった。だから革命に参加した人間には、革命が終った暁には、土地を分配する、みんなが新しい近代的地主になるというのが、革命軍に参加したひとりひとりの理想である。ところがいざ革命をやってみると、そんなにたくさんの土地があるわけではない。

イギリスというと、イングランドとスコットランドとアイルランドの三つをさすが、主としてイングランドでたたかわれた戦いで、イギリス革命が終ってしまって、いよいよその成果を自分の手中に握ったところ、どうも土地が足らない。どうしようかということになって、アイルランドを植民地にしてしまえということになる。

近代革命というものは、自由民権、博愛、平等だとか、一見正義のための華々しい戦いにみえるが、一方ではすさまじい植民地化の進行でもある。これは資本主義のもっている宿命みたいなもので、資本主義というのは封建制を打ち倒して自由、平等、博愛という輝かしい記念碑をうちたてるときに、同時に必ず裏側で、どこかの植民地を征服して、そこから大量に安い労働力や資源を本国にもってきたり、本国人が土地や資源を占有するということをやっている。

この時も同じで、クロムウエル軍はアイルランドを征服する。アイルランド人はイングランド人とは宗教的にも違いがあるし、徹底的に抗戦する。ゲリラが発生し、クロムウエルを悩ます。クロムウエルとしては、アイルランドの土地を獲得してそれを革命軍に分配してやらないと、革命軍は分裂する。いよいよ革命も終りにかかっているのに、何の成果もないということになると、反乱を起こしてしまうので、どうしてもアイルランドを征服せざるをえなかった。

ところが、いざ分配するということになると、分配する対象である土地の状態をよくわかっていなくてはならない。当時、地図はないから「お前はよく働いた、この土地をやる」なんていわれても、ほんとうにそこに土地があって、そこが畑になるのかどうか誰にもわからない。だからせっかくアイルランドを征服しても、誰かがアイルランドの地図をつくってそれに基づいて、アイルランドの土地を分配しなければならない、この測量総監を任命するというのが、アイルランド征服のピリオドをうつことになる重要な事業になった。ところが、ゲリラが横行している場所に測量しにいくのは命がけで、殺されるかもしれない。

そこでクロムウェルは賞金をつけて、行ってくれる人を募集するが、誰も行きたくない、希望者が出ない。そうしたら突然ペティが名乗り出て、クロムウェルが出した賞金の十分の一くらい安い賞金でひきうけ、兵士二名を連れて測量に出かけた。

そして、ついこのあいだまでアイルランドはその地図を使っていたというくらい正確なものを、兵士二人と命がけで測量して歩いた。みんなびっくりして、命知らずな奴だ、しかも賞金は十分の一にしてしまった。もっとくれるというのに、なんでそんなバカなことをやるのかといわれたが、ペティはニヤニヤ笑っているだけだった。

けれども、地図ができたあとで、なるほどと皆気がついた。彼はアイルランド全島を自分の足でまわったから、どこがいちばんいい土地かわかっている。ここに製鉄所をつくれば儲かる、この土地は畑作にいいなどということは、ペティにしかわからない。彼が帰ってきていよいよ土地分配がはじまる。ところで分配をうけた兵士たちは、土地証書をもってはいるけれど、アイルランドの何とかという地点はどこにあって、どういう形状や豊沃度をもった土地かどうかなにも知らない。しかしお金は欲しい。土地証書を誰か買ってくれないかと思っている。ペティはそのうちから、いちばんいい所を二束三文で買った。それでいっきょに十万町歩の地主になる。日本では戦前、三十町歩の地主というのが大地主だから、十万町歩の地主というのは想像を絶する。

クロムウェルが死ぬ直前は暗闘が続いていて、とくに根っからの軍人、リパブリカンといわれたが、そういう軍人が反革命的になりはじめている。一方ではディッガーズといわれて、これは最も貧乏で何ものも持たない、もっと革命を続けろという要求をもっている、そういう会派がいくつか入り交じっていた。革命の主役であった人間は土地を持ち、封建制を打ち破って資本家になりたいと思っている連中だから、ディッガーズみたいにもっと革命をつづけろというのが出てくると、とてもやりきれない、もう終りたいと考えている。そのうち、クロムウェルが死んでしまう。

それをチャンスに、反動的なかたちで革命を収束させようという空気が強くなってくる。ペティはクロムウェルの軍医であり、しかも秘書だから一身に怨みをあびる。ペティはけしからん奴だ、革命を利用したとか何とかいわれる。自分たちも利用したにもかかわらず、ペティに一斉に非難を浴びせる。そしてクロムウェルが死んだと同時に、イギリスの舞台は一転していく。ペティは奈落の底におちてしまう。

一六五九年、リパブリカンのザンキーという男がペティ批判の代表となって、土地分配に関する収賄のかどでペティを告発する。しかし調べてみると、べつに収賄したわけではない。命がけで測量し自分が知っていた範囲で、きちんと取引きして兵士からあつめたわけだから、法律的に問われることはなかった。

腹にすえかねたザンキーは、ペティに決闘を申し込む。ペティはものすごい近眼、おまけに解剖学の先生としては偉いかもしれないが武器はもったことがない。ザンキーは生粋の軍人だから子どもの手をひねるようにペティを殺せると思った。それでペティに決闘を申し入れたときに傲然と、決闘の場所、時刻、武器を全部お前にまかせる、お前のやりたいようにやれという。それをたくさんの観衆のもとで宣言したらしい。ペティいわく、よしやろう、まず場所は穴倉。これは真っ暗で絶対に相手がみえない、だから近眼でも関係ない。武器は斧でやろうといった。万場爆笑になって、ザンキーは決闘をやめざるをえなくなる。それでペティは助かる。当意即妙なために、その場は助かるということになる。

しかし生命はとりとめたが、この頃革命の挫折とともに一切の社会的地位は失ってしまう。市井のうらぶれた人間に戻ってもう一度、学者あるいは家業に戻るかの運命しかなかっただろう。

ところでこの時期、革命を収束させようとしていた長老派などがだんだん反動的になり、これ以上お互いの抗争をやめるためには、もう一度王をよんできたほうがいいのではないかと考える。革命の成果はある程度あがったから、これから先は秩序だと考えるわけだ。

社会科学者としてのペティ

一六六〇年、王がパリから帰還し、王制は復古する。帰ってきた王はペティが家庭教師をしたチャールズである。ペティはついていた。ほんとうは革命軍の中心にいたから処刑になると皆は思った。ところが帰ってきた王は、彼にとってまことにファミリアな男で、王はペティの地位と財産を復権する。一時とりあげられていた土地所有も認めて、意見は違うけれど、まあしばらく好きなようにやれ、というわけで、幸運なことに失ったはずの社会的地位も回復する。

このあたりのところは、マルクスが『経済学批判』の中でとりあげていて、一方でほめておきながら注をつけて、なんて無節操な奴だと書いている。確かに今の目でみると、王嫌いで革命軍の先頭に立っていたのが、王が帰ってきたらいっしょになってしまうというのは、実に無節操なかんじもする。しかし冷静にイギリス史をみると、イギリス革命というのは中途半端な革命で、地主と資本家が一体になったような革命だから、ペティのような階級が、実はイギリス革命の申し子なのだ。つまり徹底して革命的なことをやろうとしたのではなく、大地主で初期資本家であるような人物、これがイギリス革命の主体なのだろう。

ペティは社会的地位を回復されたが、何といっても資本主義の担い手で、革命をやった中心人物、革命の魂をもっている。地主になってその土地で何をやったかというと、イギリスで最初のインダストリアル・コロニー、工業植民地である。製鉄所をつくって産業資本家としての道を歩みはじめる。

さて、帰ってきた王は、イギリス革命で王領地は全廃され、王室経費と年金を議会の許可でもらう身分になった。私兵もない。自分の領地も財産も兵隊もない。チャールズは、王として、実におもしろくない。この王をそそのかす古くさい階級が復活してきて、もう一度昔の夢を、といはじめる。チャールズは絶対主義へ傾斜して、ルイ十四世と同じような絶対主義的王になりたいという欲望に満ちて、反動的な改革をしていく。

当時、税金は個人から直接、政府に納めるのではなく、租税請負人がいて、租税を徴収して中間で搾取していた。どうしてこのような制度があったかというと、王や政府にしてみればお金がすぐほしい、いまのように優秀な税務官僚のいる税務署が徴収するように上手に徴収できない。ひとりひとりの個人から税金を集めていると時間がかかる。戦争をやるのには金がいる、こんなことをしていたらまにあわないので、大金持ち、高利貸、地主を徴税請負人に任命し、たとえば一〇万ポンド要るというと一〇万ポンドをここから借りる。その代わりこの請負人に税金をとってよろしいという権利を付与する、するとこの請負人は王に一〇万ポンド渡しておいて、みんなから一五万ポンドとり、五万ポンドをふところに入れてしまう、中間でピンハネする。

こうなると企業や個人にしてみれば、一体税金はいくらかかっているのかわからない。しかも苛斂誅求されるから、こんなことをしていたら資本主義は進まない。資本主義は合理主義だから、途中で封建的なピンハネをされるのでは発展しないと考えた。

製鉄所を運営しているペティは、こんなピンハネをされている間は企業は発展しない、これこそ古き時代の最も問題のある経済制度だというので、徴税請負人と一〇年にわたって闘争する。一度は大蔵大臣にたいする法廷侮辱罪で投獄される、それでも闘争をやめない。ペティは、頑としてこの制度をたたきつぶす以外に、イギリス資本主義の発展の道はないと考えた。

その後、百年たってもこの制度が残っているために、アダム・スミスがこの制度を廃止すべきだと『国富論』の中で書いている。

ペティは実践的に闘っていきながら社会へ目を向けていく、そして過去に学んだ自然科学の方法を応用して社会を分析していく。

当時の社会分析者は宗教家だ。それから百年たっても社会分析の学問は道徳哲学、モラルフィロソフィーといわれて宗教の一部である。社会はこうあるべきだという宗教的提言なのだ。

ところがペティのとった方法は、解剖学だった。人間の軀をさいてみて目で確かめるのと同じ方法で、社会を裸にして、数量化しようと考えた。数量で表わしたら誰もが納得すると考えた。彼は統計的手法、算術と称したが、算術を社会の分析の道具とする。ポリティカルアナトミー（政治的解剖）だとか、ポリティカルアリスメティック（政治算術）と名付けた方法論を使って社会を分析していく。

まず一六六〇年、マルクスを感動させ近代経済学の創始者といわせた論文『租税及び貢納論』を書いている。それからアイルランドを分析して、アイルランドという植民地をいかに近代化すべきかという提言をした『アイルランドの政治的解剖』という本を書いている。

先に、ペティは経済学、財政学、統計学の創始者といったが、同時に都市論の創始者でもある。一六六〇年代にはロンドンの大気汚染が社会問題化する。彼の親友で革命軍の将校であったジョン・グラントは『死亡表の考察』の中で、ロンドンが周辺農村よりも死亡率が高いのは、石炭燃焼にともなう大気汚染によると分析している。これはおそらく、公害論の最初の著作であろう。同時代で著名な文人イーブリンも彼の日記の中で大気汚染にふれ、これを防止するための条例を議会で提案する。

ペティも先の『租税及び貢納論』の中でロンドンの公害の原因にふれている。彼の著作の中で今日注目されるのは、晩年、政治算術を応用したロンドン分析を中心とする各国大都市の比較論であろう。彼はこの中で後にペティの法則といわれるように、分業こそが都市発展の原理だということをしめしている。彼はロンドン大火後の新しい都市計画を構想しているが、実に二〇〇年後の大ロンドン計画とぴったり一致したといわれるほど、天才的な構想をたてている。

こういう社会分析の極致として一六七六年に、『政治算術』という本を出版する。これはペティの晩年の二〇年間の総決算みたいな本で、出るや否や出版禁止になり、出版されたのは彼が死んでからだ。

何故禁止になったかというと、この頃チャールズ二世は復古の一途をたどり、フランス絶対主義の真似をしはじめた。たしかに当時のヨーロッパをみると、フランスが一番の大国だ。一見すると富は満ちあふれ、パリはルネッサンスの最盛期といわれたように文化の花が咲き、支配階級からみると、もっとも良い国のようだ。チャールズはフランスの「朕は太陽だ」といったようなルイ十四世みたいになりたいと考えた。

そんなときに、ペティはフランス絶対主義を否定する論文を書いた。イギリスのいく道はどこにあるか、彼はオランダとフランスを比較し、人口からはじめて経済の状態を全部統計で比較していく。誰がみてもオランダは小国、フランスは大国にみえるが、彼が比較し分析をすすめていくと、そうではなく、オランダの方が進歩的で発展している。それは一人当りの富をみても、将来性をみても、あらゆる点でフランスよりもオランダがすぐれているということを論証してみせる。オランダは市民革命をやって、市民が国の主人公となっている。フランスは王が主人公。彼はそれを比較しながらイギリスの生きる道は市民の国オランダ以外にはないことを論証してみせる。そういうことを観念論として主張するのでなく、算術による経済学で分析をして、結局イギリスの生きる道は、オランダのとった道以外にない、いまや貴族は商人になれという提言をする。

これは革命的な本、いまでいえば、もっとも左翼的な提言である。そこでレッドパージのように、たちまち出版禁止になった。チャールズは宗教もカソリックの導入を提案する、そこまで反動化している王にとってみれば、こんなに冷や水を浴びせられた本はない。しかも読むと誰もがペティのいうとおりだと思う論証がしてあった。こうして、王とペティの対立は日毎に激しくなった。

彼の提言は全部しりぞけられ、書いたものの出版もできない。この頃、彼はヨーロッパで一番速いヨットをつくって有名になるが、その天才を満足させるような社会的な待遇はうけない。完全に不遇の晩年になる。

一六八七年、彼は壊疽にかかる。ロンドンまで王に重大な提言をしにいくが、受けいれられなく、失望して帰り、壊疽で死んでしまう。

この年、彼がアイルランドに建設した製鉄所が、アイルランド人の襲撃にあって破壊され全滅してしまう。そういう意味では一六八七年に、ペティが生涯をかけてやったことは一切の終りをつげたかにみえた。

しかし、ペティの提言が世の中を動かし、民衆から拍手喝采をうけはじめていたことが、まもなくわかった。一六八八年第二革命が起こる。この年の名誉革命によって、それ以後イギリスの選ぶ道は、ペティが提言したとおり、オランダ型の道を歩むのである。つまり絶対主義への復帰をやめ、市民革命の成果をすすめ、イギリスは資本主義に向って、まっしぐらに進んでいく。

その後のイギリスは、『政治算術』でペティの予言した道を選び、産業革命を経て、七つの海を支配する世界最大の資本主義国になっていくのである。

環境再生のドラマ

『柳川堀割物語』が語るもの
――「わずらわしいつきあいをこえて」――

『柳川堀割物語』は、衰退しつつある都市の文化をどのようにしたら再生できるかを考えている市民にとって、無限の教訓をあたえる。二時間四五分という映写時間は少々長いのだが、時とともに変化する水辺風景のひとつひとつの描写に作者の思いがこめられているので、どうしてもくどくならざるをえないのであろう。

この映画の主題は、ひとことでいえば、副題のように、市民が長い歴史の中でつちかってきた堀割との「わずらわしいつきあい」を復活した時に、美しい水郷水都がよみがえったということであろう。そこにはいくつものわずらわしさがあり、それをのりこえてゆくための市民の汗と知恵がある。映画はそれを丹念に掘りおこしていく。

地盤沈下のおこりやすい地質の街で、ドブ河と化してしまった堀割をコンクリートで埋立て、画一的な下水道をつくる計画がすすめられた。この計画をすすめたら大変なことになると考えた市の一係長である広松伝氏が、下水道の補助金を返上して市民とのわずらわしい対話をつみかさねた。広松氏こそ、現代の英雄だが、この英雄は市民といっしょに泥んこになっているのである。

堀割をのこすとすれば、毎年一度は、市民総出で、浚渫《しゅんせつ》をして、ヘドロを除去せねばならない。日常的にもゴミ掃除や水辺の清掃など、わずらわしい仕事が山積する。二キロメートル四方の中心市街地だけで、水路は実に六〇キロメートルに達する。市全体では四七〇キロメートルもある。この管理を市役所にまかせたら、柳川市の全予算をつぎこんでも、水路はきれいに維持できないであろう。市民がわずらわしくても、自己犠牲による労働奉仕《サービス》をした時に、はじめて堀割は昔の美しさにもどったのである。広松氏を英雄といったが、実は、柳川の市民全体が現代の英雄である。

映画は、この市民の犠牲的なサービスが、戦時中のような強制労務ではなく、自発的で楽しい喜々とした共同労働であり、それ自体が市民のまつりであることを鮮やかに描きだしている。わずらわしい水路浄化のための労働は、柳川をして、すてきな水郷に蘇生させ、観光事業による町の内発的発展に寄与しただけではない。共同労働を通じて、高度成長期の都市化の中で、よそよそしくなっていた市民の連帯を生み、水路を利用したお祭りや行事の復活によって、都市の文化が生みだされているのである。

高畑勲監督は、二時間四五分でも短かすぎて、四時間ぐらいは上映したかったといっている。それほどの思いがこめられるだけの市民の行為の重さが、たしかにこの水郷再生の物語にはある。小津安二郎のカメラが、日本人の座った時の視線の位置にあることによって、ヨーロッパ人に日本文化をさとらせるとボローニャの職人企業協同組合書記の若いインテリが語っていたが、この映画では水郷の情景は、つねに水路に浮かぶ小舟に乗る人の視線でとらえられている。それは鳥の目の航空写真でなく、等身大の風景として水郷の美観をみせてくれるとともに、市民の生活視点で見たぬくもりをつたえてくれる。

水路は表街道であるだけでなく、裏街道でもある。水路からの風景は民家の庭先や台所を裏から大胆にのぞきこむことになる。水郷の市民の連帯はおそらく、このように、玄関口からの形式ばった訪問でなく、裏庭からのつきあいがあり、いつでも表からでも裏からでも相互に市民が生活をみることができるという条件の中で、つくりあげられるのであろう。

水路が復活したことによる効果は、こういう裏からの、つまり本音の人間関係の再生にあることを、この映画はわからせてくれる。

まことにうかつなことだが、私は柳川市は北原白秋の時代から、かわらぬ美しい水郷だと思っていた。考えてみれば全国の水都水郷は、同じように高度成長期に危機にみまわれたのである。柳川市の場合も、典型的な汚染の事例であった。

この映画の意義は、全国おしなべて有史以来の極端な汚染と破壊にみまわれ、その汚辱の中から抜け出しきれない水都水郷の多い中で、柳川市が、国や外部の資本の力でなく、市民の内発的なエネルギーによって再生したことを、映像という解りやすい手段で説得的に、かつ詩的に描きだしていることであろう。

少し一般的に都市の状況をみてみよう。もともと、都市は水とともに生まれ、育ってきた。多くの都市は、河川をその胎内にもつか、あるいは海岸や湖沼の沿岸につくられた。隅田川と東京、淀川と大阪、鴨川・桂川と京都、セーヌ河とパリ、ハドソン川とニューヨーク、琵琶湖と大津など、例はいくらでもあげうるであろう。

木曽三川が都市の外延にある名古屋などは、都市としては珍しい例である。このために、名古屋は明治以降日本の最高の都市計画をおこなった都市といわれながら、都市砂漠とか、白い街といわれ、うるおいのない都市の代表のようにされている。

河川と市民とのふれあいの中で、都市がつくられ、維持されていくという人類の永遠の命題を、いまの為政者よりは、江戸期の支配者のほうがよく知っていた。先の「河のない街」・名古屋の場合でも、築城設計者中井正清は、伊勢湾から中心の城までに人工的に堀川をつくり、自然河川に代用させた。これは洪水や都市排水の調整の用をなしただけでなく、徳川期には岸辺に植えられた桜並木を賞でて、京都の嵐山に勝るとも劣らぬ花見のための舟遊びがされていたのである。

明治期以降、とくに戦後の高度成長は、水と市民生活の長いつきあいをたちきることによって、都市の景観や美しい建造物のつくりだす風景をずたずたにきりさいてしまった。事業所や家庭の廃水が河川や堀川を汚すと、その清掃はかえりみられず、自動車時代の到来もあって、汚染を理由に埋め立てて道路にかえてしまった。あるいは淀川や隅田川のように、用地費を節約するために川の中に橋げたがつくられて、近代の傑作である大阪の水晶橋や東京の日本橋をまたいで、高速道路が出現し、都心の河川の景観はなくなってしまった。こうして全国の水都は危機に瀕した。

一九七〇年代半ば、ようやく水都水郷の危機が市民に意識されるようになった。一九七九年、大阪都市環境会議（通称・大阪をあんじょうする会）が結成され、その最初の事業で「水都再生へのパースペクティブ」という名で、親水都市づくり構想がつくられた。ついで、全国によびかけ、さいしょの全国水都水郷連合のためのシンポジウムが大阪で開催された。

北では小樽運河を守る会から、南は長崎市の中島川を守る会まで、全国約二七〇団体があることがわかった。

一九八四年滋賀県がおこなった世界湖沼環境会議の第三部会に集まった住民は、これを機会に水郷・水都全国会議をひらくことになった。そこで、一九八五年五月一八・一九日、松江市において第一回会議、ついで霞ケ浦で第二回会議が開催され、「親水権」の確立が提唱されるにいたった。

親水権について「松江宣言」は次のようにいっている。

「第一に歴史的に引きつがれてきた水面を失わないことである。第二に水辺が公共の資産として住民に開かれていることである。そして第三に地域開発は水質を保つことをそこなわないことである。すなわち親水権は水と共存するふるさとを求める権利であり、住民が水都再生のまちづくりに参画する権利である。私たちは、この権利を確立することによって、はじめて魅力ある地域社会を創造することができると確信するものである。」

住民団体が親水権を主張したのは画期的だが、実際には、これはあまりにも事態が絶望的だからである。たとえば約二〇年にわたった地元住民が保存を要求していた小樽運河は、一九八四年、無謀にも市当局によって、その主要部分の半分を埋め立てられて道路になってしまった。高度成長期にくらべれば、一部は残したとはいうものの、折角の景観は、これで大きな変容をうけた。

こういう状況の下で、柳川市の市民の成果はおどろくべきものである。これは大都市の市民のように格好よく親水権を主張するだけでなく、わずらわしさに耐えて自らその権利を義務として実現したためであろう。この映画は、みた瞬間以上に時がたつにつれて、人びとの努力が詩をよみかえすように心の中にひびきわたり、水辺の風景が光をともすように思い浮かび、くりかえし感動する映画である。

女優三題

一陣の風　辻由美子――「星の王子さま」をみて

人間は貧しさから脱けだそうとして、数千年も数万年も苦労してきました。近代にはいって、産業革命がおこり、機械が人間にとってかわり、交通や分業の発達もあって、都市の中で生活ができるようになると、人間は貧しさから解放されるのではないかと考えるようになりました。しかし、本当に人間は豊かな生活をおくれるようになったのでしょうか。

サン＝テグジュペリの『星の王子さま』は、現代の人間が、経済という、ものやおかねで価値を測ることから生まれた社会の中で持ちはじめた錯覚を、美しいことばとしぐさで暴いてみせます。

キツネは王子に別れぎわに、こういいます。

「さっきの秘密をいおうかね。なに、なんでもないことだよ。心で見なくちゃ、ものごとはよく見えないってことさ。かんじんなことは、目に見えないんだよ。」

もう半世紀も前から、いまのようにたくさんのエネルギーを使い、自動車を走らせ、浪費をつづければ、地球の温度が上がり、海面が上昇することはわかっていました。毎日毎日、有害な化学物質を便利と効率のために、発明し使っていたら、たくさんの目に見えぬ被害がおこることはわかっていました。しかし、人間は「実業家の星」のように、金持ちになりたくて、おかねに換算できることだけを信じて、環境を破壊してきたので、いま、とりかえしのつかない危機へむかって動いているのです。

劇団「風」は、『星の王子さま』に託して、いま、この地球の危機をうったえます。いま、目には見えない、かんじんなことをミュージカルによって伝えようとしています。

辻由美子さんの笑顔の美しい王子は、バオバブとバラのどちらをぼくたちがえらぶべきか、舞台をとびまわって語りかけます。

柳川市(福岡県)の市民が、ドブ川となった数十キロの堀割を再生して、環境を回復しました。それはまったくの無償の奉仕です。しかし、この自然との「わずらわしいつきあい」を回復した時に、美しい堀割がよみがえっただけでなく、水都としての街が再生したのです。星の王子さまがバラを守るためには、わずらわしいバラとのつきあいを回復しようと考えたように、柳川の市民は行動したのです。

この芝居は、まことにシンプルで、一陣の風が吹きぬけるように終ります。しかし、きっと、この芝居をみた人は、いつまでも、いまの都市生活の中で、かんじんなことを見忘れている心に気がつき、地球との「わずらわしいつきあい」を回復しようと、柳川の市民のように、考え、行動するにちがいありません。

〔追記〕辻由美子さんは、一九八一年暮にブレヒトの『セチュアンの善人』で紀伊國屋演劇賞を受賞された。私も受賞祝いの発起人のひとりとしてあいさつをしたが、そこでひさしぶりに内田義彦さんにお会いした。内田さんは、私たちの学生時代、『経済学の生誕』という洛陽の紙価を高める傑作を出した、あこがれの経済学者である。内田さんは、演劇をたのしめない経済学者は一流になれないといわれた。演劇をみたからといって、一流の経済学者になれるわけではないが、演劇という時間と空間を濃縮した舞台で演じられる人生や歴史から、想像力をゆたかにできぬ経済学者は、たしかに一流ではない。それはともかく、内田さんは私よりもはるかに古くからの辻由美子さんのファンであり、彼女のナイーブな演技の深い共感者であった。

東京演劇アンサンブルが分裂した時に、この名優の行方を心配したのだが、彼女は新しい劇団「風」をつくった。その上演の最初の観賞がこの『星の王子さま』である。

魅せられて　志賀澤子

志賀澤子さんの舞台には明るい悲しさがある。彼女は限りなく聡明で、べたべたした無節操な近年の日本人を拒絶する清冽さがある。ひとことでいえば、凜という文字が彼女の姿である。

彼女と最初に会ったのは一九七〇年の金沢だが、女優としての彼女に魅せられたのは、『グスコーブドリの伝記』の最後の公演である。ベトナム戦争の最中の土砂降りの雨の中の神戸公演であった。ブドリの入江洋佑さんが、はじめて父と母の名をよんだ時に、まわりの観客が小さな声をあげて泣いた。いまから思っても胸が熱くなる芝居であった。

これを見終った高校生がオリザを演じた志賀さんの楽屋に殺到するという神話があった。ぼくも高校生なみに、都市文明の女神のようなオリザに魅せられたのである。

それからしばらく、彼女は少々不遇であった。その中でも『オットーと呼ばれる日本人』では、オットーの妻を演じて、ぼくたちの青春時代のあこがれの人を表現してくれた。彼女を少し元気づけようとして、一九八〇年、ＮＨＫ教育テレビの市民大学「都市と経済」に市民代表のコメンテーターとして半年間、毎週つきあってもらった。そこでぼくは、彼女の頭脳の明晰さを実感することになった。同席の東大の大学院生をくってしまうのである。この時、沖縄に取材旅行をして、あの島の愁いの結晶のような今帰仁城《なきじんじょう》を訪ねた。ちょうどメキシコのアステカの遺跡のように、粛々たる風がわたる。

木下順二作『沖縄』の秀が身を投ずるのは、あの城の崖のようだと、なつかしく思い出した。「沖縄の心」は尋常なことでは演ずることはできない。志賀さんの秀は、どろどろの怨みつらみではなく、透明な怒りをよく表現していて、ひさしぶりに満足した。

ぼくは一九八一年に彼女がロンドンでウェスカーと会った頃から、いずれ彼女は演出家か制作者になるだろうと思っていた。女優を越えて、芝居そのものをつくる力があると考えていたからである。期待どおりに、いまや世界をとびまわっている。そして、円地文子『食卓のない家』をもとに演劇脚本を書き、賞をもらった。しかし、まだまだ女優志賀澤子であってほしい。

ぼくの希望のひとつは、ウェスカーの『彼ら自身の黄金の都市』のケイトを、彼女にやってもらいたいということだ。あの脚本を読んだ時からこれは彼女のあたり役になると思った。もしそれが実現するならば、彼女のファン・クラブになったロンドンの国際都市住宅会議に参加した研究者をすべて招待したい。そして、あの時の私の起草になる住宅人権宣言（ロンドン宣言）をもう一度、彼女らしい朗々たる声で読んでもらいたいのである。

それは、長い間神戸の被災者を仮設住宅に住まわせていた悪しき「日本」への訣別の辞になるであろう。

「ヴィヨンの妻」と林曠子

林曠子《ひろこ》さんの朗読は明晰だが、暖かい。太宰治の「ヴィヨンの妻」を彼女が読むと、およそ放埓《ほうらつ》で常識倫理に反する主人公の一挙手一投足が、にくにくしくなく、少々滑稽で情《なさ》けをもって許されるように聞えてくる。それを聞きながら、林曠子さんは対象とする作品のねらいをこえて、作家の本質を読みあてようとしているのでないかと思った。

彼女はかつて森繁久彌と長年NHKラジオで共演した、日本を代表する声優である。この「ヴィヨンの妻」は、リュートをバックにした独演会を「あゆみコーポレーション」がCDにしたものである。彼女はボランティア活動として、おどろくべきことに、三〇年以上も目の見えない人たちのために文学作品などを朗読して録音し、学校や個人に配り、声の図書館をつくられている。

彼女の姿形はいつまでもみずみずしい童女のようであり、その心根は優しい慈母のようでもあるが、不正を許さぬ激しい信念のようなものが、精神の基底にある。

私は、一九七四年一〇月に、豊かな才能をもちながら若くして死んだ水俣病患者佐々木つた子さんの歌集を中心に『水俣レクイエム』をつくりたいと考えていた。しかし、私は和歌については素人なので、整理をする力がない。つた子さんのお母さん（水俣病患者で故人）から預った作品集は、整理されていず、作成の年月日もわからないような便箋に書かれたものであった。日がたつとだんだんボロボロになってくるので、とりあえず友人の志賀澤子さんに読んでもらい、写しをつくってもらった。しかし、それを編集することはできず、ずるずると実に二〇年間も日をすごしてしまった。

一九九二年に、世界史を転換させるような出来事がおこった。ブラジルのリオ・デ・ジャネイロでおこなわれた国連環境開発会議である。この会議で日本政府の代表は、公害問題は解決したとのべた。私はこの政府の態度に激しいいきどおりをおぼえた。

当時、水俣病裁判ではチッソの責任はもとより、政府の行政責任も裁かれていた。それにもかかわらず、数千人をこえる水俣病の患者は、救済されず放置され、患者の代表は病いをおしてリオ会議に訴えをしにきていた。その痛々しい姿をみながら、私は改めて日本政府の無責任さと水俣病問題の解決なくして「維持可能な発展」という世紀の課題を解けないことを痛感した。

そして、帰国したら、どうしても佐々木つた子さんの歌集を出版して、若い人達に、彼らと同年輩で病気とたたかい、希望をすてなかった水俣病患者の作品を通して、公害の原点を理解させたいと考えたのである。

偶然にも「大阪都市環境会議（大阪をあんじょうする会）」で、日頃親しくしていた林曠子さんの歌集の発表会によばれ、彼女が声優であるだけでなく、「地中海」会員の歌人であることを知った。それで、すぐに林曠子（歌名・橋本曠子）さんに編集をしていただくことにした。彼女は忙しい中を水俣をおとずれ、つた子さんの家を訪問し、主治医であった藤野糺医師とも会い、その調査を終えてから編集して下さった。佐々木つた子さんの歌は、病床で書いただけに筆の乱れもあり、便箋が破れてよめないところもあった。林さんはこれをテーマごとに整理して、字句を点検するという作業をし、その上で心のこもった解説をしてくださった。

この『水俣レクイエム』（岩波書店、一九九四年）は学校の副読本にしてほしいような、ある意味では公害の歴史を伝える永遠のレクイエムなのだが、すでに品切れになって入手できなくなっている。その中から佐々木つた子さんの辞世といってもよい歌と、林さんの解説を引用したい。

死も生も大自然に託したり心の澄めるしばしは嬉し

長い間闘病の苦しみの中で作者が二十代の若さで、すべてを大自然にあずけようという心境に到達したことに驚きもし、私は、大きな感動に打たれた。そして、死も生もと「死」ということばが先におかれていることで、いつも死と対《むか》い合っていた作者の苦しみの大きさを思うのである。

友の死を悼む

財政学の共同研究者をうしなって……渡辺敬司

一九七八年の一一月一日付で、渡辺敬司《けいし》さんから長い手紙をうけとった。渡辺さんは自他ともにみとめる筆不精である。手紙がくるのが珍しいのに、原稿用紙六枚にわたる長い手紙である。若い時には、おたがいに書評をしたので、長い手紙を交換したが、中年になってからでは、まことに珍しい長い便りであった。

“No news is good news.”ということわざがあるが、ひさしぶりの長い手紙は、心ふさがる内容のものであった。

それによれば、定期検査で右肺腫瘍（中葉部）が発見され、一〇月一一日、豊中の刀根山病院に入院、手術は一一月一四日の予定とあった。教育ということについては、きわめて真面目な人であったから、後期の授業を同僚の鶴田広巳さんにたのみ、卒論や修士・博士論文指導でゼミ合宿をやって、入院までのあわただしい準備期間をつぶしたのだが、一〇月三日以来、左眼がいたみだし、わずか一週間の間にふさがってしまった。

渡辺さんにとっては、肺の腫瘍以上に、左眼のつぶれたことはショックだったようである。おそらく、入院して、ゆっくり本でもよもうと思っていた最大の慰めは、うばわれたのである。

手紙には「まさに弱り目にたたり目」とかいてある。よほど、このことは気になり、「脳外科で三度検査、脳検査センターで三度、やっとどうやら脳神経は三叉マヒでとどまったようです」と手紙にはかいてあり、医者のカルテをのぞきこんだところ、「外転神経マヒ、動眼神経マヒ、三叉神経マヒ、上眼窩裂症小群、視野は左は正常範囲の下限を示し、対光反応なし、ステロイド剤投与」とかいてあったという。

彼はこれに注をつけている。


「よくぞ書かれたり、とがっかり。

つまり当分（?）は独眼流で行けというわけかと思います。

このため、急な左眼のふさがりにともないジンジンくる痛さと不安だけでも、入院後、食欲なく不眠症にかかり弱っています。」


長い手紙の内容は胸をついた。それは、私に遺言を残しているかのごとき感じがしたからである。

ちょうど、『躍進の会』という大阪府政に対する在野の研究者の政策提言の会をつくることになり、私はその事務局長をしていて、時間きざみの生活をしていたのだが、ひとつの研究会をさぼらせてもらい、一四日の渡辺さんの手術に立会うことにした。

手術の後、夫人と弟さんと三人で、手術担当医の話を聞いた。とったばかりの肺をみせてもらったが、大きなガン細胞が肺葉をおかしており、一部はあきらかにリンパ腺へはいりこんでいるのではないかということであった。担当医はあまりにもガン組織がひろがっていたので、正直なところ、途中でなんども止めようかと思ったといわれていた。できるだけ綺麗に患部はとったので、手術自体は成功だが、自分としてはだめだと思うという断定的な結論であった。先述の左眼のつぶれたことも、脳神経科はガンと無関係といったが、手術をした感じでは、あきらかに転移したものと思うということであった。

担当医は、いずれ、本人には経過がよいからといって、一旦、自宅へかえってもらいますが、これは病院でそのまま亡くなられるのは本人にとっても心残りと思いますので、その意味でかえってもらうのですから、その時は一旦なおったものとして退院して下さいといわれた。

文字どおり、「死の宣告」であった。夫人は実に気丈に、医師の話を冷静に聞かれていた。私はなぐさめる言葉もなかったが、奇跡的に手術後良くなった例もあるので、それを紹介し、現代医学もたよりないところがあるので、栄養をとり、とにかく本人が生きる元気をとりもどすように、ガンであったことは伝えないで、手術の成功だけを話しておこうというようなことをお話したのである。

手術の結果については、島恭彦《やすひこ》先生と広田司朗さんにのみ伝え、他の人びとには真実の話をしないようにし、本人には絶対にもれないようにしたいとお二人と相談した。

広田さんの話によれば、われわれはこうして渡辺さんの力をおとさないようにつとめたのだが、心なき人は、ガンだといっていたようである。しかし、幸か不幸か、渡辺さんはこういったまわりの状況などが聞えてくる間もなく、意識が正常でなくなった。さいしょは手術のショックなどによるが、おそらく、脳の神経をガンという病魔がおかしていたのかもしれない。突然、昂奮状態で、島先生や広田さん、そして私のところへも、夜中に電話をかけてこられたりした。それは、あたかも、もぎとられようとする生命をこの世にひきもどすためのさいごの力のように、明るい声で報告をしているのであった。

正月、池田市民病院へふたたび入院した渡辺さんをたずねた時は、もう力がなくなっていた。手術直後にたずねた時に、「おい宮本君、おれは正常かね」と冗談ともとれるような大声を出して、寝台からとび上ろうとしたような元気はもうなかった。それでも、私のことがわかり、よくきたというように、強く手をにぎった。

「すまんな」というような口のうごかし方をして、眼にうっすらと涙がでていた。それが生きている彼をみた最期であった。

一月一八日午後六時、渡辺さんはかえらぬ人となった。その夜は寒く、風が吹いていた。

私は、敗戦前後から十数年、経済的にはあまり人にいえない苦労をしたので、涙のでない人間になってしまったが、渡辺さんの告別式での島恭彦先生の弔辞の際には、滂沱たる涙がとまらなかった。

親密な関係ということからいえば、私よりも他に友人の方々がいる。にもかかわらず、渡辺さんが私になにかを托したかったとすれば、学問上の親近性からであろう。

渡辺さんに対して、感謝しているのは、彼は先輩であるにもかかわらず、いつも同輩の友人として私をあつかってくれたことである。時には、自分が後輩であるかのように、私を前にたて、対等に論争してくれたことである。その上、彼は私を同門としてあつかった。これは島先生をはじめ島ゼミのよいところだが、「京大意識」でものをみるところがない。

渡辺さんは、いわばゼミの中では旗本八万騎の大久保彦左衛門的存在である。私などは、名古屋大学出身なのだから外様とはいわないまでも、末席の親藩のようなものだが、そういう差別意識は、私が二十数年前に、大学院の第一研究室に内地留学をして彼と机を並べた時からなかった。島ゼミでの研究の出発点から、居心地よく、好きなように研究をすすめられたことについて、私は渡辺さんには、生涯、感謝の念をもつであろう。

渡辺さんの業績については、いずれゆっくりと目録をみて検討する機会があろうが、地方財政とくに、農村財政や国庫補助金の研究が中心であったと思う。彼はつねに、藤田武夫教授のような、がっちりとした実証的研究をしたいということを口ぐせにしていた。私といっしょにした仕事では、島先生の編集した『地方財政の理論と実態』『町村合併と農村の変貌』『日本の地方自治と地方財政』(いずれも有斐閣)などがある。

しかし、彼は地方財政にとどまらず、租税論についても、研究をすすめていた。一時期、神戸正雄さんの『租税研究』をノートしていて、租税論の深さと重さをしみじみと感じ、財政学者は租税論をやらねば一人前にならないといっていた。私も同感なのだが、ついに彼の租税論は体系化されなかった。ひとつの理由は、学園紛争とその前後から、渡辺さんが大阪経済大学の要職を歴任して、心身をすりへらせてしまったためであろう。

学園紛争の最中に、彼はイギリス留学からよびもどされ、学生部長、学部長などを歴任した。外からみていて、ちょうど理論が成熟し、体系化できる四十代後半から五十代にかけて、学内の管理職を歴任したことは、研究者としては大きなマイナスであった。どちらかというと、器用さがなく、研究と管理業務と教育との三つを並存させるタイプの人ではない。まず、管理職の仕事、次に教育、ひまがあれば個人の研究という順序でしか、渡辺さんの仕事はすすまなかったにちがいない。そういう無私というか、社会的誠実さのあるところが、渡辺さんの魅力なのである。

研究者は一年間仕事を中断すれば、とりかえすのに三年間以上、あるいは永久にとりかえせぬことがある。この二〜三年、渡辺さんは研究のことでは少しあせっていたようである。私は、それは彼の罪というよりは、大学体制の罪だと思っていたが、なんとか、年来の研究がまとまるようにと、つきはなして待ってみるようなこともした。しかし、ある本屋との仕事がまとまらず、とうとう代筆させられたこともある。死ぬ前に、いまの地方財政危機の歴史的意義について、書いてもらえばよかったと思うのが、研究の上ではもっとも心残りな点である。

渡辺さんは、私にとってはすぐれた友人であった。私は金沢大学時代には、論文を書くと渡辺さんのところへ送って、コメントをもらい、それから書きなおして印刷することにしていた。その中で、もっとも印象的だったのは、「現代税制の形成過程」についてのコメントであった。これは四百字で三百枚ちかく書いたのだが、渡辺さんは実にていねいによんでくれて、欄外にコメントをつけてくれた。この中で、「さいごの五十枚は、くりかえしも多く、晦渋です。全部削除したらどうでしょうか」とあった。二年間かかって書いたものを削除せよとはなんだと、さいしょはむっとしたが、よく読みなおしてみると、彼のいう通りであった。ばっさり五十枚けずり、全体をまとめなおしたら、彼のいう通りよくなった。

彼は会えば、この原稿をふくむ『両大戦間の財政論』を他の仕事をやめてでも早くまとめるように、私に忠告してくれた。これがまとまれば、彼に献辞をかくつもりであった。若い時の作品をいまだに怠惰にしてまとめえず、生前に彼に感謝の辞を捧げることができなかったことが、私にはもうひとつの心残りである。

彼の長い手紙の最後には次のように書いてあった。

「まあ、当分、手術にそなえて、なんとか栄養をとりたいし、安静中は、しごとの本は一切やめにしました。

住民と自治、大阪自治体問題などは、すべてさぼります。もっとも、いつもさぼっていますが。

二つの知事選、統一地方選、とりわけ大阪府も、池田市も、まして堺市も大変でしょう。前の知事選では、学兄のロクオンを二度聞かされて、あいさつをさせられましたが、今度は勝利できるか。がんばって下さい。

春――今から、来年の春を楽しみにしています。」

彼がたのしみにしていた春がめぐってきた。それは、きびしい春ではあるが、新しい「地方自治の時代」の幕開けを思わせるようなものであった。

「君は闘っているか」……人権の護民官・田尻宗昭

一九九〇年七月上旬、ポーランドの製鉄所を見学した。工場はすさまじい環境であった。それは公害だけでなく、労働災害や職業病が心配されるような悪い生産環境である。この実態調査からみるかぎり、この国が「労働者の天国」であったとは思えない。かねて現代社会主義の生産関係に問題があると指摘してきたが、一体、ポーランドの中央・地方政府の職員は人権を守るために何をしていたのだろうかと改めて疑問に思った。

クラコフの調査中に、田尻宗昭《たじりむねあき》さん急逝の報がはいった。田尻さんは晩年、労働災害・職業病の解決に力をそそぎ、これらの救済制度が改悪されることに強い反対を表明し、全国の対策協議会を結成され、ここで最後の演説をした。

ポーランド社会主義国が建国以来、四〇年ちかくをへて、工場の公害防止がまったくできていないどころか、労働災害・職業病の防止に成功していない現実はまことに衝撃的であった。

ポーランドのアカデミーや大学で講演や討論をし、その時に日本の公害防止運動の教訓が話題になった。ポーランドからブラッセルへ出て、そこでおこなわれたＥＥＢ（ヨーロッパ環境事務局）

主催の日欧環境会議においても、七〇年代の日本の環境政策と、それを創造し前進させた住民の世論と運動が高く評価された。この運動は、公害裁判と地方自治体の改革という二つの方法で、中央政府の環境政策を前進させたのである。このことを報告し、議論しながら、私は田尻さんのことを思い出した。

田尻宗昭さんは、この世界の教訓となった日本の二つの公害防止闘争のただ中にいたのである。彼は海上保安庁時代、公害裁判を通じて四日市の企業を告発し、その後、都庁にはいるや、美濃部革新都政の最前線に出て、六価クロム事件、NO_2問題、そして東京湾の公・災害防止に全力を傾けた。田尻さんの残した『四日市・死の海と闘う』や『公害摘発最前線』(いずれも岩波新書)は昭和史に残る人生記録である。

田尻さんとは苫小牧から石垣島まで、何回もいっしょに旅行したが、そのたびに、彼の記録で公表されない冒険談を聞くことができた。この正義の味方をライフルで射ち殺そうとする不逞の輩が、裁判の間、彼の足どりを追っていたというのである。この身の毛もよだつような危険を冒して汚染企業を追及する田尻宗昭という「公務員」を、警察をはじめ国家権力は積極的に守ってくれない。

田尻さんは、身にせまる、この恐怖を独力ではねかえしつつ、公務員としての義務、つまり日本国憲法とそれにもとづく法律によって、人民の基本的人権を守る仕事を果したのである。彼こそは日本国憲法の守護者であり、まさに市民の人権を保障する「護民官」だった。

ポーランドの人達は、環境が破壊され、公害が発生するのは、それを防止するためのお金がないからだと思っている。市場制度を導入し、経済を効率化し、PPP（汚染者負担原則、polluter pays principle）で課徴金をとって、それを公害防止投資にまわせば、うまくいくと信じている。

だが、日本の教訓はそうではない。公害を防止するには、なによりも人民が自由に集会を開き、公害の報道が自由にされ、司法権が自立して裁判が公正におこなわれ、地方自治体が住民参加によって足もとから公害行政をおこないうる仕組みがなければならぬ。そして、それとともに、田尻さんのように、真に市民の立場に立って「公共性」の旗を死守する公務員が必要なのでないか。企業のお金にも、政党＝政府の圧力にも屈伏せず、憲法を守る公務員がいなければ、公害はなくならない。

田尻さんは、若い人をみると、口ぐせのように、「君は闘っているかね」といったそうだ。ポーランドの公害はひどいが、日本もまだまだ、公害の解決には、田尻さんが叱咤するように、死物狂いの闘いが必要であろう。田尻さん以外の者が口に出すと、キザに聴えるが、あえていおう。

「君は、闘っているか。」

公害研究の草分け……庄司光

庄司光さんは日本における大気汚染、騒音などの公害研究の文字どおり草分けであった。戦前の日本衛生学の指導者であった戸田正三京大教授の門下として、大阪府立衛生試験所の技師となり、その後、大阪市立大学家政学部長を経て、京都大学工学部教授となり、その衛生工学科の設立に寄与し、大学紛争時代には学生部長の要職をつとめた。

私は庄司さんとともに、一九六四年に『恐るべき公害』(岩波新書)を出版した。当時、国語の辞書に公害ということばがない時代であり、しかも日本ではまれな自然科学者と社会科学者との共同研究ということで、うまくいくかどうか、編集者もずいぶん心配したようである。この困難な仕事を可能にしたのは、庄司さんの関心領域と視野の広さであった。

庄司さんは旧制一高から東大医学部に入学、新人会の活動のために京大理学部へ転学せざるをえなくなり、前述のような経歴で工学をおさめている。つまり、自然科学の全分野にまたがって勉学してきたのだが、その上、学生運動をしていただけに、社会科学に強い関心をもち、経済学や政治学の新刊にもよく目をとおしている。これが公害という社会的災害の全容の解明をすすめることのできた資質になっている。

一九六三年、都留重人《つるしげと》、戒能通孝《かいのうみちたか》両氏とともに公害研究委員会の代表となった。庄司さんの画期的な業績は、公害研究を自治体の政策の中に結実させたことであろう。全国の公害対策をリードした黒田了一《くろだりょういち》革新大阪府政への寄与はもとより、京都府、京都市、大阪市、尼崎市、神戸市など関西の多くの自治体の公害防止条例や規制策の策定について庄司さんの力は大きい。

また、地方自治を住民の手にするために自治研活動に従事し、さらに、在野の自治体問題研究所の副理事長を長くつとめた。

庄司さんは旧制高校の寮長をそのまま鋳型にしたようなところがあった。一見粗野のようにみえて、その心根は優しく純粋なのである。会うと必ず飲むことになるのだが、いつも旧制高校の寮のコンパのような酒盛りになるのであった。

私にとっては、年からいえばおやじのような存在だが、もっとも心のゆるせる友人であった。この「戦友」を失って、私はいま茫然自失というところである。

思想をもつ大編集者……安江良介

安江良介君は、私の金沢大学教師時代の初期の教え子である。当時の法文学部は法学科一類（法学）、二類（政治学）、三類（経済学）に分かれ、安江君は二類に属していたので、私のゼミナールに所属していたのではないが、法学科の必修であった財政学の私の講義を熱心に聞いていた。成績はAであったと彼が言っていたので、優等生であったことは間違いがない。

当時は内灘の米軍基地問題で、石川県というか、全国がゆれうごいていた。その政治的結末といってもよい選挙がおこなわれ、基地を誘致した自民党の現職大臣林屋亀次郎氏が、共産党をふくむ野党統一候補の井村徳二氏に敗北するという大きな出来事があった。私が安江君のことを最初に知ったのは、彼が「政治少年」として井村氏の秘書のごとき役割で活躍したことを、友人の教師から聞いた時であった。後年、彼にその話をすると、大変照れて「いや、ただの学生アルバイトですよ」といっていた。

この「政治少年」が岩波書店に入社した。そして『世界』の編集者として活躍をしはじめ、私とのつきあいはそれ以後、深まった。

安江君の御尊父は東大寺の鴟尾《しび》をひきうけたほどの日本一の金箔職人で、御母様もその仕事を手伝っている。彼が岩波書店に就職したので、彼の家を訪ねお祝いをいうと、御母様は言下に「私はこれからの職人は教養が必要だと思って大学にいれたのに、本屋などへ就職して……」といわれた。これは金沢の職人のもつ誇りの高さをしめす言葉として、私にとって一生忘れられない衝撃であった。それでも学生のあこがれの的である岩波書店に彼がはいった価値がいかに大きいかということを知ってもらおうと思って、「彼の給料は大学の教師の私の二倍もありますよ」といった。するとお母さんはにんまりと笑われて、「先生、私が金箔をつくる時に、型をとって落ちこぼれる金のごみの一日分が良介の一カ月の給料と同じなのですよ」といわれた。くだらない説得をした私は恥しくなり、このお母さんにすっかり頭があがらなくなってしまった。

安江家は自前で金箔工芸館をつくり、人手にわたって荒廃しようとしていた藩主前田家の鷹狩りの休憩所の別荘などを購入し、これらを公共機関に寄付されている。私は安江君の資質は、この日本一の職人の家庭の産物であると、ひそかに考えている。

私の研究者というか評論家としての活動の多くは、安江君とのキャッチボールのようなかたちですすんだ。キャッチャーとしての編集者がよいサインを出してくれなければ、投手としての執筆者は全力投球できず、よい論文は生まれないものである。

彼とのさいしょの仕事は『世界』にのせた「役人と労働者の間」（一九五九年一二月号）である。これは戦後、憲法の柱である地方自治をその精神どおりに実現しようとして始まった自治労の地方自治研究活動に刺激されて、彼の注文で書いたものである。これ以後、地方自治は私の研究活動の主分野のひとつになるのであるが、同時に、後に革新美濃部都政の原型をつくるために犠牲的な献身をする彼の最初の地方自治への関心と官僚批判があらわれている。この地方自治研究活動は、一九六一年の静岡集会で「地域開発の夢と現実」という分科会をひらいた。

当時、高度成長の機関車として地域開発が全国で花ざかりであったが、その最先端を走っていた四日市で公害が発生していた。当局が秘密にしていた公害を、現場の職員がはじめてこの集会で告発したのである。同時に、地域開発にともなう社会問題が全国的に爆発する可能性がでていた。この集会を傍聴にきていた安江君は、事の重大さに気づき、同年の『世界』の一二月号で「地域開発の夢と現実」という座談会をひらき、私にその総論を書くことを依頼してきたのである。

そして、彼と相談して四日市をはじめ全国を取材して書いたのが、「しのびよる公害」(『世界』一九六二年一二月号)である。これが社会科学者としての最初の公害論となり、衛生工学者としての庄司光さんとの共著『恐るべき公害』(一九六四年、岩波新書)や『地域開発はこれでよいか』(一九七三年、岩波新書)へと発展したのである。

考えてみると、その後の沖縄問題、そして『岩波講座　現代都市政策』の編集などの都市問題、『財政改革』(一九七七年、岩波書店)などの財政問題、その後の多くの著作はいずれも安江君との共同の仕事である。その意味では、私の教師としての彼への寄与はまことに小さいが、評論家としての私を育成した彼の貢献は、まことに大きい。彼を失ったことは、私にとって終生の共同事業者を失ったもので、痛恨の極みである。

彼は理想をもつ現実主義者であった。彼の事業と思想については、いずれまとまって書く機会をもちたいと思うが、ひとつだけ彼の社会的活動を紹介したい。先述のように彼は職人の子息であるが、金沢という街は、この藩政以来の職人の技術を土台に、明治期に独自の産業革命をおこなって、日本有数の中小企業による内陸工業地帯をつくった。私の「内発的発展論」は、この金沢のもつ産業の独自性と教育文化の高さに学んでつくりあげたものである。

安江君はこの金沢を愛していたし、また金沢人も安江君を愛し、彼の意見に耳をかたむけた。金沢のこととなれば、彼はなにをおいても手助けをしようとした。

たとえば、日本で初めて冷戦時代に環日本海のシンポジウムを一九八四年に開催したのだが、彼はこの時に北朝鮮の研究者をよぶことに、責任者の八田恒平《はったこうへい》さん（前大和百貨店副社長、勁草書房社長）とずいぶん骨を折った。結果としては北朝鮮の代表は参加しなかったが、このシンポジウムは初めて東西の一流の研究者が集まって成功したことで、いまなお韓国や中国の学者からも高い評価を受けている。

安江君や私が愛した金沢は、いま重大な転機にたっている。金沢のもつ都市としての価値が失われるような変化が、無計画にすすんでいる。安江君と私の青春時代の産物である金沢大学が、金沢城から山の中へ移転させられることからはじまった「開発」事業が、県庁の移転などで決定的となろうとしている。安江君の存在が必要な時期に彼を失ったことは、金沢にとって不幸なことである。

いま、日本の政治経済はゆきづまり、どのような転換をすべきか、まさに近代史上最大の選択の時期である。この選択にあたって、日本はアジアの連帯の中に生きる道をみつけなければならず、その出発点は日韓の連携であろう。いま安江君が生きていたら、金大中大統領とともに、そのような構想をつくりうる中心にいたのではないだろうか。彼の急逝により日本は重大な損失をしたといってよい。かけがえのない人物を失い、まことに残念である。

とはいえ、教師として、また共同事業者としての私が、安江君の仕事をふりかえってみると、彼の一生はまことに「男子の本懐」といえるような見事で美しいものであったと思う。心から敬意をこめて、拍手をおくりたい。

わが師島恭彦の肖像

真剣勝負の指導

著作集の刊行

島恭彦先生の著作集を出したいという希望は、先生に直接間接の指導を受けた者が、長い間もちつづけてきたものである。戦前戦後を通じて、島先生の開拓された分野は、大学の担当講座としての財政学に関してはいうまでもなく、中国研究あるいは地域論の分野におよんでいる。これらの多岐にわたる業績を整理して総括することは、それぞれの分野の研究者に有益なことはいうまでもない。

しかし、それだけではない。今日、一九三〇年代の再来のように重大な転換期を前にして、未来の展望を考える場合に、民主主義にもとづく行財政の思想を樹立した島理論の到達点に学ぶことは、専門研究者はもとより、日本の民主主義を守り、さらに変革のために力をつくしている労働者や一般の市民に大きな寄与をするであろうというのが、編集にたずさわったものの企図であった。

きわめて現実的な要求も、これには介在した。島先生の代表作の多くが絶版になっていて、入手ができない。著作集の第一巻、第三巻、第四巻、第六巻所収の著書や論文の大部分は、古本屋でもなかなかみつからない。島先生の夫人の富子様が、第三巻の月報にかいておられるが、中でも『近世租税思想史』の再刊の要望がつよかった。

渡辺敬司さんが、肺がんの手術をした後で、島先生のところへ電話をして、病床で『近世租税思想史』を読みたいので先生の手もちのものをゆずってほしいといわれたそうだが、先生の手もとにも二冊しかなかったので、とうとう生前に彼の手もとにとどかなかったようである。こんどの著作集を墓前にそなえていただくように、渡辺さんのお宅へ夫人がお送りしたそうである。このような需要を考えると、著作集の発刊はいそがれた。

幸いに、有斐閣が出版元となってくださり、また学会、自治体問題研究所、同窓生など多くの方がたが予約してくださって、社会科学書の発行がきわめて困難な時期に、全六巻という堂々たる構成で出版することができた。実際の事務は池上惇《いけがみあつし》教授とその研究室の方がたの努力によっている。

島先生は、昭和四〇年代のはじめまで、雑誌『思想』や『世界』をはじめ、新聞などにも多くの評論やエッセイを書いておられる。これらも、その時その時に多くの読者の蒙を啓き、勇気と展望をあたえたものである。これらの論文やエッセイは、『時論』として編集したかったのだが、すでに還暦のお祝いの際にその多くは『戦後民主主義の検証』(筑摩書房)の中に収録したので、これは割愛させていただいた。

編集をおわってみて感ずることは、改めて、島先生の研究分野が広い領域におよび、しかもそれぞれが深く、かつ含蓄の多いものであることだ。通常、財政学といえば、租税を中心に、経費、公債、予算制度などを叙述している制度論的教科書が大部分か、あるいは日本財政論あるいは地方財政論があるにとどまっている。ところが、先生の著作は、いままでの財政学にないが、財政現象をとらえるには不可欠の未開拓の分野にきりこんでいる。たとえば、国家論、自治体論、東洋社会論、ジャンル別にいって、軍事費、公共投資、インフレーション、国有企業（国鉄、国有林野）、そして地域経済論、地域開発論などにおよぶのである。

いずれもが、明確な現実認識に立って、現状の人類や民族の課題に応えているのだが、従来のマルクス経済学にありがちな古典理論で現状を裁断するのでなく、歴史認識と思想史的な考察をバックにして、事実のありようをていねいに観察し、時によっては現場に出かけて調べられた事実から出発して、核心になる論理を創造されている。

おどろくべきことは、この多岐にわたる業績を総括してみると、その中を流れている思想と方法論に一貫性があることである。それは、おそらく先述したような民主主義にもとづく現代的マルクス主義、あるいは現代的社会主義をもとめる姿勢ではなかろうか。

ここでは、島先生の業績の周辺を私の経験から描いてみたいのである。

入門のきっかけ

私が島先生に個人的なおつきあいをさせていただくようになったのは、名古屋大学経済学部三年生で卒論にとりかかった時期のことである。当時の名古屋大学経済学部図書館には、S. Dowell, *History of Taxation and Taxes in England*, 1888 の三巻からなる文献がなかった。私はウイリアム・ペティの財政論を卒論にえらび、C. H. Hull や Marquis of Lansdowne の編集になる著作集をよんでいたのだが、島先生の『近世租税思想史』と W. Kennedy, *English Taxation, 1640–1799, An Essay on Policy & Opinion*, 1913 の二つの著作に深刻な影響をうけた。

このケネディが批判したダウエルの大作をよみたいと思い、島先生に指導をうけることと同時に、この本を先生の研究室に借用にいったのである。

私としては生意気にも、島先生のペティ論をのりこえたいと考えた。島先生の方法論とケネディの方法論とをみると、相似なところが多いが、あきらかにちがっているところがある。ケネディが経済学の分配論に視点をおいてみているのにたいし、島先生は民主主義に視点をおいているのである。この両者の長短をのりこえることはできぬかというのが、私の企図したことである。

しかし学部の学生にとっては、ケネディとダウエルの著作をよむのは大変な作業であった。それどころか、かんじんのウイリアム・ペティの著作の翻訳がほとんどない時であり、ペティの論文を理解するのも容易ならざることであった。一七世紀のペティの英語は、いまと綴りがちがっている。一例をあげると、いまの英語で語尾が t でおわるところが、th になっているように、他にもいくら辞書をひいてもわからぬ単語がある。もともと四高の時代に英語が第一語学でなかった私には、大変な負担である。

ところが、学部学生時代に高島善哉《ぜんや》さんと共訳で『グラスゴウ大学講義』を翻訳したような天才肌の指導教官水田洋《ひろし》先生は、私の苦労などはどうも解ってくれなかったようである。先生のところに、ペティの英語はむつかしいとなげきにいき、辞書にものっていない単語がたくさんあるが、どうしたらよいだろうと相談すると、それは慣れる以外にないと、そっけない返事である。

こういう経験をすると、ペティどころか、多くの財政思想家をあつかった島先生の『近世租税思想史』は、おどろくべき成果であることが骨身にしみてわかってくる。先のダウエルの英語はペティのそれのように辞書にでていないということはないが、テクニカルターム、とくに古い租税制度がよくわからない。島先生の本にはこれがちゃんと引用してあるところをみると、先生は理解できたらしい。これは大変なちがいだと、あらためて他国の制度の研究のむずかしさと、それを突破した島先生に脱帽せざるをえなかった。

それでも、卒論が完成して、ダウエルを返却するかたがた、島先生の研究室をたずねた時のことは忘れられない。私は、ペティ研究の視角をのべた後、先生の論文を批判するというおそるべきことをした。しかし、先生がだまって、私の卒論の趣旨をきいてにっこり笑われて、「君のいうとおりかもしれない」と同意してくださったことが、私が島先生のところへ入門するきっかけとなったのである。

『現代地方財政論』

一九五三年に大学院の島ゼミナールに所属したのだが、当時は、先生は地方財政に関心をもち、研究室も総力をあげて、木曽谷の国有林会計や地元山村財政の研究にとりくんでいた。ペティ以降の財政思想史というか、国家経済論の思想史をやるつもりであった私の希望はここでは挫折してしまい、渡辺敬司さんなどと地方財政論をいっしょにやることになった。その手はじめに、「内灘村」を分析して、日本財政学会で報告をし、ついで木曽谷の調査をした。

各地の実態調査を土台にして、藤田武夫教授の著作を研究室でとりあげ、その議論の中で生まれたのが、『地方財政の理論と実態』であった。当時、いまとちがって実態調査の方法論はまったく未開拓というか、未確立であった。それでも小さな農村については、時間をかければ視野の下におさめうるので、地域経済—階級構造—財政—政治というように、分析をして総合することはできた。しかし、都市あるいは都道府県となると、われわれの視野の外側に対象がはみだしてしまい、どこから手をつけてよいかわからない状況であった。

一九五四年京都府調査を大学院と学部のゼミナールでとりくむことになり、私は事務局長格で、京都府議会図書室に毎日坐って、ゼミナリステンの調査を世話することになった。だが、事務局長自らが、方法論ができていないのだから、学生がわかるはずがない。

島先生は学生の研究のすすまないのを気にされて、ある時、全員を府庁にあつめ、私が手もとにもっていた『現代地方財政論』をひらいて、まず京都府経済の地域的不均等がどのように府財政にあらわれているかについて分析せよと指示された。おどろいたことに、当時のゼミナリステンの多くは『現代地方財政論』をもっていなかった。はじめて『現代地方財政論』を手にしたゼミの学生が、こういう本があるなら初めに読んでおけばよかったと無責任なことをいう始末で、この調査は夏休みがおわっても、まとまらなかった。あの時期からみると、地方財政論は飛躍的に進歩したと思う。実態調査でも、いまならばもっと要領よくまとめることができるだろう。

『現代地方財政論』は水準の高い力作であった。地方財政論の土台に地域経済論を置き、地方財政の改革の柱に地方自治—民主主義運動をおくという基本視角は、地方財政論を飛躍的に進歩させたといってよい。それまでは内務官僚の制度論であった地方財政論を、政治経済学の領域にひきだすことによって、多くの若い研究者が、熱狂的に地域の研究にとりくむこととなった。それは、学制改革によって、地方に国立大学ができて、地方大学が地域に根ざした学問研究をやる使命を自覚したこととマッチして発展したといってよい。

私は、その後、地域経済、地域問題、地域政策というように三つの構成要素で地域論を構成しているが、このような構成をする土台は、島理論にあるといってよい。島先生はすでに戦時中に、『中国奥地社会の技術と労働』で、地域研究をされていたが、『現代地方財政論』の出版以後、地域の民主主義運動の発展もあって、地域の実態調査とそれにもとづく住民運動、地方公務員を中心とした労働運動や地方議員の学習活動に多くの時間をさかれるようになった。

先にのべた木曽谷、京都府の調査もその一つであったが、一九五〇年代後半の町村合併や部落有林野の調査、一九六〇年代の地域開発に関連する調査などがそれである。自治研活動から自治体問題研究所の活動に力をいれられたのも、五〇年代の終りからであった。

地方財政研究の双璧であった藤田武夫教授と島先生が自治研活動にはじめから参加されたことは、学会と地方自治運動をむすびつける上で大きな役割を果した。

この分野での多くの評論は、野呂賞をもらわれた『地域の政治と経済』や先の『戦後民主主義の検証』に収録されている。もし藤田、島両教授が自治研活動に従事されなかったら、後進のわれわれは安心して自治研活動や実態調査に従事できなかったにちがいない。おそらくもっと、アカデミックな机上の作業を中心にして、現状分析のような労多くして功少ない仕事をさけていたと思う。その意味では、文字どおり、国民の科学をつくるために、学問のあり方をかえる上で、島先生の果した役割は大きい。

だが、天才肌で、一見して核心になる事柄をよみとったりするような島先生の力量をもたぬ弟子どもにとっては、実態調査あるいは現状分析は、つらい仕事であった。当時の既成の学会や大学では、苦労した論文も実態調査では評価をうけなかった。それは学問であるのかという根本的疑問すらもたれた。理論や歴史の論文を書きつつも、同時に実態調査や時論をするという両面作戦をおこないうる者はよかったが、それができない場合には、真面目であればあるほど、大学というシステムの中では批判の的になる場合もある。

和歌山大学時代の故土肥秀一《どひしゅういち》さんがそうであった。彼はよく酒をのむと、地方財政という泥沼の中にいると、まわりは闇だといっていた。ぼくも、これを彼の弱音だと思わず、実感としてうけとった。私を終始引立ててくれた故松井清先生は、一時期、私が地方財政論の論文ばかり書いていると、「宮本君、それは才能の浪費になるよ。泥臭い仕事から、そろそろ足を洗いたまえ」といわれたものである。

しかし、幸いにして、私はその後地域論がおもしろくなり、都市論や公害論へとひろがっていったから地域研究はつづいたが、初期の若手の研究者には、地域研究は破滅の道へ歩むような危機感をもっていたのである。それに加えて集団研究というのはむつかしい。このロスも私たち初期の共同研究の経験者に大きかったように思う。

真剣勝負

島先生は自らが、学閥のアカにまみれず、一人旅をされただけに、弟子の養成についても手をとり足をとり直接指導されることはなかった。『近世租税思想史』をはじめ、先生の著作の特徴は、既存の学説を整理して、それにコメントをしつつ、自らの理論の位置をしめすというよりは、核心となる自らの理論を積極的にかたるというスタイルである。あるいは財政や国家・自治体の制度をていねいに解説し、辞書風に概念を説明した上で、理論にはいるのでなく、問題のおかれている歴史的あるいは現実的状況から、それが資本主義の中で機能する役割と本質についてのべるという方法をとられている。これは、読者をして、直感的に物事の本質をとらえさせるという意味では、天才的というか職人的な芸当であるといってよい。

初期のゼミナリステンは、先生の本が出るたびに、先生のセンサビリティに仰天し、「この理論にはしびれるが、どこからでてきたんやろうか」と引用文献をさがしてもわからず、頭をかかえていたものである。たとえば、『財政学概論』の第三章、租税論、では、資本蓄積と公平負担の理念の対立と相剋がえがかれている。ここには問題史的考察として、学説史がかかれているが、この部分の整理は島先生独自のものである。問題史的考察から理論が自然にでてくるのでなく、問題史の批判的考察の中から、あきらかに一定の飛躍があって、つまり弁証法的な発展があって、形成されたものである。この飛躍してゆく時のバネというか、センサビリティというものは、島先生独自のもので、まねはできない。

この意味でも、島先生が後進の研究者を手をとり足をとり教えなかったことは、正しかったのでないかと思う。「島の前には島はなく、島のあとには島はない」のである。先生が初期のゼミナリステンを批判される時に、次のようにいわれたのは印象ぶかい。

「君達は私が読んだらわかる論文ばかり書いてくる。私が読んでもわからない論文をもってこい」これは若い研究者にはつらい要求であった。若い私達はまず島理論のまねをしようとしたが、しかし、基本的にはまねはできぬのである。また、このことを先生は拒否したのである。いかにして先生が踏破できぬ領域にはいりこむか、これは、「道場剣法」ではなく、「真剣勝負」である。先生の指導は、いつも「真剣」で試合を要求していたのであって、これは若い私達にはきびしいことであった。「この本はわからない」とさいしょに先生をしていわせたのは私の場合は、やっと『社会資本論』を書き上げた時のことであった。

さいごにひとつだけ先生に注文をつけておわりたい。それは『財政学概論』を改訂されるか、あるいは新しい財政学教科書を書いていただきたいということである。この体系的な著作が出てから、約二〇年の月日がながれている。この本の対象になったのは、高度成長の初期である。これ以後の先生の考察を体系化したものがほしいと思うのだが、どうであろうか。

これと関連するのだが、私が残念に思っているのは、「管理経済試論」（『経済論叢』一九五九年五月）という論文以降、先生の積極的な経済民主主義論というか、構造改革論の展開がとだえているということである。あの論文は、当時、イタリアの文献の紹介が弱く、種々の誤解があった中で、まったくオリジナルな形で、過渡期の経済をあつかった傑作であったと思う。

当時、金沢大学の若手の教官の間で、ヴィットリオ、トリアッティやグラムシの論文を読みあわせていて、平和経済綱領のようなものを考えていた。その時に、この先生の論文は鮮やかに目標の旗を上げたようにみえた。またも、先生のゆき足のはやさに、おどろきの声をあげるとともに、そのセンサビリティに共感したのであった。

だが当時の事情は、このオリジナルな理論の展開をゆるさなかったのでないかと思う。まだ、このことについて事情をつまびらかにしないが、以後の体系化を先生はすすめられず、文字どおり試論におわっている。

もし、これが体系化されたならば、新しい財政学概論というか、あるいは国家論が生まれたのでないか。これが私がいまだに残念に思っていることである。この論文は著作集にはいっていないが、私には「地方自治擁護の論理」（『経済論叢』一九五六年九月号）という論文とともに、金沢大学時代に衝撃をうけたものとして指摘しておきたい。

財政学と地方自治への寄与

島恭彦先生は、日本のオリジナルな財政学の建設者であり、また地域の民主主義の確立のために多くの業績と社会的活動をされました。島恭彦先生の研究は財政学を中心にしていますが、きわめて幅が広く、一九八〇年代に編集した『島恭彦著作集』（有斐閣）は、財政思想史、財政学原理、日本財政学、地域論、国家独占資本主義論、東洋社会論の六つの領域にわたっています。この著作集に収録できなかったものは『戦後民主主義の検証』（筑摩書房）に一部収録しましたが、その他にも厖大な社会評論があります。

島理論の二つの土台

島恭彦先生の理論は、二つの足を土台にしているように思います。ひとつはマルクス主義を中心とした政治経済学です。もうひとつはフランス啓蒙主義以来の西欧民主主義論であります。この二つの土台は矛盾しているかのようにみえるかもしれませんが、それは島先生の感性によって、みごとに統合されているのです。

マルクス主義を中心とした政治経済学といいましたが、マルクス＝エンゲルスの『資本論』などの主要経済著作には、戦後の有名な論争にありますように、マルクスは国家をふくむ後半の体系を完成しないでなくなりましたので、財政学に関するまとまった業績はありません。したがって、マルクス主義にたつ財政学は、マルクスの著作に依拠して、それを種々に解釈するということでは成立せず、まったくオリジナルに体系をくまねばなりませんでした。その意味で、島財政学は他のマルクス経済学のように『資本論』を種々に解釈するのでなく、古典派経済学以来の経済学の成果を土台にして、日本の財政を中心にした資本主義国家の動態を分析し、非マルクス経済学の財政学の理論を批判して構成するという独自の業績をつくらねばなりませんでした。

当時、こういう道を歩んでいたのは、わずかに東大教授故大内兵衛《ひょうえ》氏がおられ、島先生も著作などをみると、大内財政学に学ぶことが大きかったようですが、大内財政学とはことなる独自の島財政学をつくられました。

戦前の日本財政学界の主流はドイツ財政学であり、その思想はワイマール憲法にもとづく社会民主主義ではなく、Kammeralwissenschaft（官房学）以来の絶対主義的国家論とビスマルク流の社会政策を結合したものでした。それは戦時中の天皇制擁護の国家論にもつながるものでした。島先生は、フランス革命によって生みだされた西欧民主主義の国家論や自由主義的財政思想を土台にして、日本的国家論を批判して、さらに労働者階級を中心とした人民による現代民主主義論にまで発展させようとされました。したがって、島財政学の教科書の最後の章は、必ず財政民主主義で終わっています。先生が地方財政や地方自治を終生の仕事とされたのも、民主主義と権力からの自由にもとづく、新しい公共部門の成立をもとめたためであろうと考えます。

これらのことからわかるように、島先生はマルクス主義政治経済学者であり、政治的立場は保守党政治に厳しい批判的立場を終生堅持されていましたが、日本のマルクス主義者にありがちな作風、つまりマルクス＝エンゲルスやレーニンの著作を引用し解釈し、それを結論にするという硬直的な理論家ではありませんでした。近代主義的なフランス啓蒙思想やイギリス自由主義経済学を包含する広い視野に立って、独自の理論を生みだされたといってよいと思います。

島先生の業績は、若冠二八歳の時に書かれた『近世租税思想史』（有斐閣）という大著を出発点とします。先生の自叙伝『忘れ得ぬ日々』によれば、これはハロルド・ラスキの『ヨーロッパ自由主義の勃興』という思想史に影響を受けたといわれますが、しかしラスキとはちがいます。社会史的租税思想史となっています。イギリスとフランスの近代思想、とくにフランス革命前夜までの租税思想の歴史を、エッセイ風に叙述したものです。大家の処女作というのはその人の思想と研究方法とが萌芽的な形態で凝縮しているといわれますが、この香気にみち、覇気にあふれた処女作は、島教授が未踏の高峰をさいしょに征服し、民主主義財政学の地平をひらいた記念碑であり、後に展開される諸分野への道もしめされています。

この本はエッセー風の名文なのですが、当時の京大教授たちには叙述の方法から批判されたようです。先生は専門家のみならず、満天下の市民に読んでもらいたいと思って出版されたようですが、初版わずか六〇〇部でした。しかしこれを読んだ読者、たとえば戦後日本財政学の第一人者であった故林栄夫《よしお》都立大教授、故遠藤湘吉《しょうきち》東大教授、故武田隆夫《たかお》東大教授などの財政学者は、近代経済学、マルクス経済学の立場をこえて、この本に大きな影響を受けたと語っています。

私は名古屋大学の水田洋先生のゼミで思想史を勉強している時に、この本をよんで感激し、卒業論文作成の過程で島先生のところへ弟子入りしました。島先生の自叙伝によりますと、戦後の学生である私がこの本を評価してくれたのが大変うれしかったと書かれており、お手元にあった初版本の残り二冊の内、一冊を私にくださっています。私にとってこれは先生の形見です。

この本の第一の成果は、租税論を制度論としてみないで、租税を歴史的・社会的存在とし、政治と経済の相剋の場としてみていることです。したがって、租税を単なる法規の集積と考え、租税の発展を租税法の改正であるとみて、実証にのみ走る多くの租税論にたいして、社会史的租税思想史を描くことによって、変革期の租税論をあきらかにしています。

ここでは、ブルジョア民主主義革命の国家観の基礎となった原子論的国家観と、租税利益説との革新性と限界を明らかにしています。この本の意義は同じように社会史的租税思想史の古典となっている前述の W. Kennedy, *English Taxation* と比較してみるとわかります。ケネディの著書が分配論的な思想史であるのにたいして、島先生のそれは近代的公権力の成立史となっています。

島先生はこの本を作成している過程で、ヨーロッパの近代思想家、とくに先生が当時一番好きであったチュルゴーなどのフランスの思想家が中国を中心に、アジア社会について考察していることに興味をもたれ、『東洋社会と西欧思想』（生活社、一九四一年、筑摩書房復刻版、一九九〇年）を出版されました。この本は東大のアメリカ外交史の斉藤孝教授が推薦されて、一九九〇年に復刻されました。斉藤教授のすばらしい「あとがき」によれば、この本は従来、人文科学に比しておくれていた社会科学のアジア社会研究の最初の記念碑であり、今日もなお、ここから出発しなければならぬ古典としての価値をもっているとされています。

この本の第一の価値は、古くはウェーバーからヴィットフォーゲルにいたるまで、欧米の研究者がアジアの資本主義的近代化を否定していることを批判し、東洋社会が西欧と同じ近代化の道を進むことをしめした点です。これは今日、みごとに証明されたといってよいでしょう。

そして、この本の第二の価値は、当時の事大主義的な東洋思想、とくに日本主義の優位性をとく思潮を批判し、西欧の近代思想の普遍性を明らかにしたことです。これは当時としては勇気のいることであったと思います。

この本は、奇しくも太平洋戦争のはじまった日に出版されました。戦争中、多くの左翼の学者が筆を曲げて太平洋戦争を賛美あるいは評価して、戦後、みるにたえぬ残骸をのこしています。

おどろくべきことに、この本は一字一句も訂正することなく今日復刻されて、みずみずしい感動を私たちにあたえています。岩波書店の編集者であった田村義也《よしや》さんが学徒出陣の際に、一冊だけカバンに秘めて持っていたのが、この『東洋社会と西欧思想』であったというエピソードがありますが、むべなるかなと思います。

地域論の結晶

島先生の学界にたいする最大の業績は、いうまでもなく、『財政学概論』（岩波書店、一九六三年）をはじめとする財政学の著作ですが、紙数もありませんので、その評価は著作集第二巻『財政学原理』の私の解説にゆずります。ここでは先生が晩年、もっとも関心をもっておられた地域論にうつります。

島先生はすでに戦争中に中国四川省の塩業の研究で地域論への関心をしめされていましたが、戦後『現代地方財政論』（有斐閣、一九五一年）によって、その理論を結晶されました。この本は、これまで内務官僚の制度研究であった地方財政論を、政治経済学の分野にひきいれた画期的な業績をもつものでした。ここでは、現代の地方財政が資本主義の発展による地域経済の不均等発展に規定される一方、福祉国家のナショナル・ミニマムの要求によって画一的な財政需要をもっていることが明らかにされました。そして、この矛盾を解決するために、当時来日したシャウプ博士は地方財政調整制度を導入したのですが、先生はその限界を指摘しています。戦後の憲法体制によって、地方自治が発展し、地方財政は国家財政に匹敵する重大な政治経済的役割を果たしはじめていたのですが、一般の研究者は泥臭い分野として放置していました。そこで、この島教授の著作の与えた衝撃は大きく、若い研究者が争って地域経済と地方財政の研究や実態調査をはじめるようになりました。財政学会の中に地方財政部会がつくられ、後に日本地方財政学会に発展し、四〇〇人以上の研究者が集結するようになったのです。

島教授はこの『現代地方財政論』の最終章において、民主的地方自治は制度ではなく、自由民権以来の民主主義運動にあることを明らかにされました。そして、すすんで自治労の自治研運動に参加され、さらに、その先進的グループといっしょに、一九六三年、自治体問題研究所を創立され、研究所理事長として、二〇年にわたり、この発展に寄与されました。先生が提唱した民主的統一戦線による自治体改革論が、戦後政治の一時期をひらいた革新自治体の誕生にむすびついたのです。

先生は多くの社会運動にも参加されましたが、この研究所を中心とする地方自治運動への寄与が、戦後史にのこる社会的業績であったといえるでしょう。

私の教育ノート

思い出すことなど

若い学生たちと共に

私が一九五三年四月、金沢大学法文学部助手として赴任し、さいしょに教えたのは、当時の二期生三期生を中心とした読書会 Adam Smith の『Wealth of Nations』の Cannan 版をテキストにした集まりであった。私と年齢はほとんどかわらぬ学生と始めた古典をよむ会のおもしろさが、生涯の路線をきめたといってよい。

それから、大阪市立大学―立命館大学と一時期をのぞいて、連年ゼミナールをもつことができた。ゼミ生は四〇〇人をこえている。また大阪市大では六〇年代の終わりから、大学院のゼミを受けもった。当時の大学院は大学教師の養成機関で、いまとちがって研究科全体で年間一人～二人しか入学させなかったが、それでも、幸い私のところにはほぼ連年志望者がいたために、二〇人近い内外の研究者を育てることができた。

大学生活でもっとも幸福なことは、二〇代の元気のいい学生と四七年間もくらすことができたことで、私は常に学生を通して未来をみていたといってよい。

この間に、京大・島恭彦ゼミ、都立大・柴田徳衛ゼミ、琉球大・久場政彦《くばまさひこ》ゼミ、鹿児島大・九大・岩元和秋《いわもとかずあき》ゼミ、そしてふたたび東経大・柴田ゼミ、金沢大・佐々木雅幸《まさゆき》ゼミ・横浜国大・中村剛治郎《こうじろう》ゼミと交換ゼミをおこなった。柴田ゼミ生のように今日もなお、交流をつづけてくれる卒業生がいるのも幸福なことである。この行事をはじめたきっかけは、ゼミ生の協同研究と他大学との他流試合で、自らの力量を客観的に知ることを目的としたのだが、おそらく、『毎日新聞』に評価されたこの日本最初の試みは、私の大学教育の中で成功したイベントの部類にはいるであろう。

私は教育者としては、四高の恩師慶松光雄先生のような全力を傾注する優れた教師ではなかった。研究と社会活動が忙しいので、時には教育がどうしても片手間になってしまった。私の研究成果を学んでくれればよいと考えた時も多い。その意味では教師失格である。卒業生諸君がいま優秀なのは、教師の力でなく、それはすべて諸君の力である。

私は通常の研究者とくらべれば、公害反対運動や地方自治運動に参加して、その前進に力をつくしたが、運動家ではない。二足のわらじは絶対にはかず、学界ではもちろんだが運動の中でも、研究者として研究成果で勝負をしてきたつもりである。その意味では、運動家からみると、私の行為は中途半端であったかもしれない。しかし、私はこの市民運動の中でいつも、研究の目的や研究の社会的責任について学び、運動のまちがいについては批判したが、運動の直面する問題の解決に役に立たないような行為はしなかったつもりである。

一五歳でゼロからの出発

さて、二〇〇〇年二月一九日で七〇歳となった。昔は七〇歳は古来稀なり＝「古稀」と呼んで賞賛したが、いまはあたりまえの老人である。この間、まったく珍しく風邪をひいて寝こみ、二五年ぶりに講義と講演を休んでしまった。まったくはじめて、人びとに迷惑をかけたので、少々ショックであった。しかし、体力的にはそれほど衰えはないので、当分は残された仕事をしていく予定である。

いま考えている仕事は、『日本公害史論』『両大戦間日本財政論』『市町村合併史——日本の地方自治の特徴』である。いずれも二〇〜三〇歳台にとりかかりながら、現状分析に追われて中断した歴史三部作である。どうしても、いまでも現状分析に目がいくので、はたしてこの歴史三部作を予定どおりに、七〇歳台の仕事の中心にすえられるかどうかはわからない。歴史研究はなんといっても体力がいるので、若い研究者に協力してもらえたらと期待している。

自分史をふりかえってみると、四七年間の大学教師生活とくに大阪市大においては、それほど大きな波乱はなかった。

生涯の危機といえるようなことは、若年の時に多い。私は古い日本と新しい日本の狭間にあって、しかも両方の体験をしたといってよい。おそらく、私の世代が戦争に直接参加した最後の世代である。

一九四五年三月一五日、私は海軍兵学校(海軍の士官養成学校)に入学するために、台北市の松山飛行場を飛び立った。台湾全土の中学から海兵へ進学した一〇数人の学生といっしょであった。すでに沖縄周辺は、アメリカの機動部隊が遊弋しているので、私たちをのせた海軍の輸送機(DC3型)は、沖縄上空を飛べず、中国の上海の大場鎮飛行場に中途着陸した。ここからは零戦の護衛もなくなり、中国と朝鮮半島の沿岸沿いに、敵のレーダーをさけるために、波頭すれすれに低空で飛んで、ようやく福岡の雁ノ巣飛行場に着陸した。同時期に予科練(海軍航空隊の下士官になる学校)に合格した同級生の一部は、駆逐艦で赴任したが、途中で潜水艦に沈められて、生涯を終えている。

台湾はすでに第一線になっていた。中学三年修了と同時に全員志願兵(強制徴集兵だが)の二等兵となって、前線の防衛勤務についた。

予想に反して米軍は沖縄に上陸し、台湾は戦場にならなかった。このため大部分の同級生は命をながらえたが、二等兵の軍隊生活は悲惨なものであった。私はそれをまぬかれて、海兵に進学したので、当時の同級生の苦労話を聞くと胸がいたくなる。

海軍兵学校での生活は、いずれ小説にでもしてみたいと思っているが、当時としては異例の学校生活であった。戦時の中学校では、厳しい軍事教練があり、一九四四年になるとまともな授業が少なくなり、飛行場の建設などの労力奉仕にあけくれていた。ところがこの軍人学校では体操まで英語で号令をかけられるなど国際的で、スポーツも盛んであった。私たちは初めてまともな学校教育をうけたようなものであった。

とはいえ、私たちは軍隊の指揮官としての教育をうけていたのであり、戦争の責任からはまぬかれない。私がいろいろな意味で思想の転換を経験したのは、一九四五年の敗戦で海兵が廃校となり、八月下旬に復員列車で広島をみたことであった。広島に近づくと、死体を焼くための絶えがたい臭いが流れてくる。駅につくと殺到してくる人達は異常な姿をしていた。この時に、私は心から敗戦と戦争の惨害を自覚したといってよい。平和への思想の転換であった。

その時の私は一五歳であった。台湾の両親との間の連絡がなくなり、ひとりで生活をはじめなければならぬことになった。台湾育ちで、日本にはまったく知己もいない。ゼロからの出発であった。

なにしろ、台北にすべての私の在学の資料はあるのだが、敗戦でまったく取りよせることができず、私がなにものであるかを証明するものはない。父の故郷の金沢に下宿をして、一九四五年一〇月に中学に復帰したいと考え、ひとりで石川県学務課長に会って学校へ復帰したいと述べた。課長は少年の訴えを真面目にうけて、何か証明書がないかといってくれた。下宿へ帰って荷物をひっくりかえしたが、台北一中の在学証明書も海兵の在学証明書もない。わずかに、海軍兵学校合格の電報しかない。しかし、学務課長は子どもの私を信用してくれ、この電報一本で中学校長に交渉してくれた。

しかし、どこの馬の骨とも分からぬ子どもをひきうけるのは、学校として勇気がいったのであろう。金沢一中の校長はひきうけてくれなかった。幸いに自由主義者をもって有名な金沢二中の校長染村亀鶴《そめむらきかく》先生が私をひきうけてくれた。しかし、二中の教員会議では、前校の証明書もなにもない私の編入には反対意見がかなりあったという。

こういうどさくさで四年生に編入したので、二中の先生達は本当に私が台北一中から海兵へ進学した実力があるのかどうか、疑いをもってみていたにちがいない。翌年私が二中の四年修了（つまり、いまでいう飛び級、高校は通常五年卒業で入学）で難関の四高理科にはいったことで、はじめて先生達は私の経歴を納得してくれたといってよいだろう。そういうこともあって、四高入学は私にとっては天の舞い足の舞いの踏む所を知らず、といった喜びであった。

だが、私の父は当時、台湾電力にいて、敗戦後、中国政府に接収されてこの電力会社が正常に動き出すまでは帰国できなかった。先に引き揚げた母と弟三人をかかえ、財産を一切なくした引揚者の家族の惨憺たる生活がはじまった。兵舎を改造して、アンペラをひいただけの引揚者住宅に住み、学費どころか家族の生活費を捻出するためのアルバイトをしなければならなかった。線路工夫、闇屋なんでもアルバイトをした。本来なら花の四高生活も、こうして暗闇と汗の生活としてはじまったのである。

この時代は食糧がまったくとぼしくなり、一般の市民生活も窮乏の中にあったが、引揚者のように、財産もなく、知己も少ない家族ほどの塗炭の苦しみはなかったであろう。私は幸いにして、石川県の河合谷村《かわいだに》（現・津幡町《つばたまち》）に本家の伯父家族がいて、ときどき食糧の援助をうけたが、子沢山の農家であったので、経済的にはまったく支援がなかった。

四高の時代の生活は、このように貧窮のどん底にあったが、精神的には「貴族」の時代であった。すぐれた友人との交際がはじまり、知的な欲求は無限に広がっていった。それに加えて、戦後の政治的変動の中で、四高の学生運動が発展した。その中に私も加わったのである。

すぐれた援助者に恵まれ

一九四八年の福井地震の救援活動で、夏休みの間、現地に泊りこんでボランティア活動をした。この頃から、アメリカ占領軍の姿が変わった。敗戦直後、アメリカ軍は日本の軍国主義を根絶やし、憲法の精神のように民主主義を日本に育てることを占領政策としていた。たとえば、学校では学生に自治会をつくらせて、積極的に学生運動をすることをすすめていた。

ところが、この頃から、中国革命が進行し、冷戦がはじまってくると、日本を極東の共産主義の防壁とし、アメリカの同盟国にかえる考え方が次第につよくなった。占領軍内部のニューディール派を追放しはじめたのである。

一九四八年初秋、青天の霹靂のように、秋田師範と長野師範において、学生運動家のレッドパージがおこった。この最初の学生運動の弾圧が、学生自治会と占領軍の蜜月時代から対立への転機となったのである。当時ようやく、全国の学生自治会を組織しつつあった全学連は、このレッドパージを重くみて、オルグを派遣することとなった。私はこのオルグとして、長野へいくこととなった。

当時、父が引揚げて来て、ようやく家族はそろったが、父の職業は安定せず、家計は決してよくなかった。他方、長野師範の事件もいつ終わるか、見通しが立たない。私は個人としても、将来の大学進学などが経済的に見通しがつかないので、この際、四高を退学して、自活しようと考え、クラス担任のドイツ語の小島伊三男《いさお》先生に退学届を出して、背水の陣で長野へおもむいた。

当時のオルグ団の首領は、有名な安東仁兵衛《じんべえ》（東大法学部、後に構造改革派の有力な政治家・思想家）であった。また、当時の学生の憧れの的であった全学連委員長の武井昭夫《たけいあきお》もときどき来ていた。オルグ団といっても三〜四人だが、信濃教育会の宿舎に寝泊まりをして、毎日長野師範へいって、学生や教師に処分撤回するように説得する活動や、労組への支援を求める運動をしていた。しかし、処分した相手の後にはアメリカ占領軍がひかえているので、絶対に処分を撤回しない。周辺の学生の応援をもとめて、私は松本高校で全学集会をひらいてもらい、哲学の竹内良知《よしとも》教授の支持を得て処分学生の支援の演説をしたりしたが、事態はなかなか改善されない。

そのうちに、安東仁兵衛が不法侵入罪で逮捕された。そしてそれを契機にして、私たちオルグ団は、信濃教育会の会館から追い出されてしまった。

学校側が父兄をつかった切り崩しをすすめ、闘争が長期化してくると、それが成功して、処分反対運動をしていた学生が次つぎと脱落する。肝心の長野師範の学生組織が解体して、闘争は敗北した。人生体験としてはおもしろく、安東仁兵衛の声涙ともにくだるような大アジ演説の魅力にひかれて頑張っていたのだが、運動家としては最初の失敗であった。処分された学生を救うこともできず、すごすごと金沢へかえらねばならなかった。

しかし、このままではおさまらない。次は四高をはじめ大学などにも、この占領軍の弾圧は始まるにちがいない。占領軍は翌年からの学制改革を準備しており、それによれば、日本の唯一のオリジナルな学制であり、戦時中も自由主義の伝統を残した旧制高校の制度はつぶされることになっている。せっかく歓喜して入学した四高がつぶされてしまうのである。これらを考えると、退学届を出したことは早計で、むしろ四高に帰って、四高を守る運動をした方がよい。これが敗北して金沢へかえる時の私の心変わりであった。

四高へかえり、小島先生にあって、まだ四高生活を続けられるでしょうかと聞いたところ、先生は君の退学届は早計だと思ってにぎりつぶしていたから、すぐに復学したまえといわれた。ありがたい話である。しかし、すでに中間試験は終わっていて、このままでは落第である。落第すれば一九五〇年に四高は廃校になる予定なので卒業できなくなる。

小島先生は、各学科の先生に話をしてくれて、非公式の中間試験をしてくれることになった。ただし、点数の七〇％で採点するというのである。つまり九〇点近くとらないと不合格である。幸い、にわか勉強がものをいって、最難関の数学の岡田一男《かずお》先生の積分の試験は満点だったので、その他もぎりぎりであやうく落第をまぬがれた。

小島先生の好意がなかったら、私の今日はない。せっかく学業を継続できたのだが、しょうこりもなく、学生運動にも再び力がはいり、全学連の北陸地方執行委員長となった。そして、占領軍と正面衝突することとなる。これについては『四高学生社会運動史』や『戦後四高学生史』などの四高史にのっているので省略する。

学生運動をつづけるとなると、理科にいることはできない。なぜなら、理科は実験があり、文科のように講義を適当に休んでいても、試験さえパスすればなんとかなるというようにはならぬのである。

その上、これは今の人達には信じられぬことであろうが、当時の民主化時代の高校生には、理科よりも文科のほうが重んぜられ、あこがれであったのである。このため入試では理科がむつかしいのに、入学後に理科生が文科へかわる傾向があった。

そこで私は三年の時に転科試験（文科の全科目）をうけて、理乙（ドイツ語専攻で、今の医学部進学コース）から文乙（ドイツ語専攻）へかわった。医師になれるものを文科へかわったので、親にはずいぶんおこられたが、私はむしろ浩然たる気分であった。

この文科への転科試験で、指導教官であった哲学の安藤孝行先生に「文乙は四高の最低のクラスだから、そこへいくな」といわれたエピソードは、ここではくりかえさない。

教師は学生の将来の資質をみぬけぬことがある。優れたギリシア哲学の国際的研究者であった安藤先生にしても、私たち文乙の学生の将来をみぬけなかったのである。たとえば、クラスの三六人中、大学の教授が七人も出たクラスは、戦後の四高史上ないであろう。もちろん、大学の教授がよいというのではないが、少なくとも安藤先生がこのクラスは勉強せずに遊んでいるので最低だとした認識はくつがえったのである。とはいえ、これも学生時代に遊びすぎたので、社会へでてから、いつまでも勉強しなければならないのだと安藤先生の皮肉が墓場から聞こえてくるような気がしないでもないが……。

これでシュトルム・ウント・ドランク時代の一端を終えることにする。人生では偶然に何人かのすぐれた援助者がいて、そのおかげで、脱線しないですすむことができるのである。石川県の学務課長、金沢二中の染村校長、四高の小島先生など、人生の節目節目にあらわれた方がたのおかげで、私の今日はあるといってよい。

君たちはどう生きるか

この表題はまちがえたのではないかと最初思われた人がいるのではないかと思います。「君たちはどう生きるか」などといわれても困るよと。これは、ゼミの卒業生の中にはすでに定年退職している人もいるので、たぶん初めにそういう批判が出るだろうと予測していました。高齢化社会だから、定年後も二〇年や三〇年生きていかなければならないのだから、どう生きるかといっても不思議ではないということもある。また、こういう激動の時代になってきて、単に現実が見通しがなくなるというだけでなく、ものの考え方とか思想についても、なかなか確定したものが見つからなくなっているという意味で、これからどう生きるかというのは、世界がどうなるかということも含めて考えなければならないことがあるだろう。そう思って、あえてこういう題をつけたのです。

実はこの「君たちはどう生きるか」というのは僕にとってはすごく大切なテーマで、いつも、自分はどう生きるかということを模索しながら生きてきました。戦争中に新潮社が出した少国民文庫のなかに、吉野源三郎さんが『君たちはどう生きるか』というのを書いておられます。この少国民文庫というのは戦争中の子どもに向けたもののなかでは群を抜いて立派な編集で、日本の良心の、子どもへの最後の贈り物だったのではないかと思います。

そのなかでも、吉野源三郎さんの『君たちはどう生きるか』というのが最も感銘を与えたものです。コペルニクスからきたコペル君という子どもを通じて、英雄とはどういうものか、友情とは何か、あるいはアダム・スミスが出てくるのですが、分業というのはどういうものか、つまりいまの社会のなかで君が立派に生きようと考えた場合に、一人で生きていけないので、さまざまな分業のなかで生きているのだということを実にうまく説明していくのです。

そういった吉野さんの『君たちはどう生きるか』というのは、私たちの世代で、あれを読んだものにはみんな共通して心に残っている本です。吉野源三郎さんはその後、岩波書店の『世界』の初代編集長になられました。吉野さんにお会いしたときにその話をしましたら、あれは戦争中、自由にものが書けなかった、しかし自分の志を何らかの形で述べてみたい。その場合に子ども向けの本だったら許された、だから、ちゃんとした評論で書けなかったことの思いのたけを書いたのだと言うのです。伊東光晴さんは『君たちの生きる社会』という似たような題名で書かれています。ちくまの少年文庫だったと思いますが、なかなかこれも傑作です。僕も書いてみたいなと言ったら、吉野さんに、あんなもの書かないでください、いまは自由に専門の領域で発表ができるのですから、子ども向けの本なんて書く余裕があったら、もっとちゃんとした本を書いてくださいと言われてしまいました。

しかし、いずれは『君たちはどう生きるか』みたいなものを書いてみたいなというのが、僕のなかにずっと残っています。だんだん先の見通しがきかない状態になっているし、子どもたちが本を読まなくなっていますから、そのうちにほんとうに『君たちはどう生きるか』を書かなければならない時代がくるかもしれないなと思っています。

きょうは、子ども向けの話ではなくて、先が見えなくなっている時代に僕が何を考えているかということを、私自身の研究者としての狭い経験から話をして、時間があれば、いま未来社会について僕が何を考えているか述べさせてもらいます。

最初に、私が君たちを教育したことの中で、どういうまちがいをおかしたということから、お話ししていきたいと思います。

内科の権威である東大の沖中重雄《しげお》先生が退官されるときに、自分は誤診を何パーセントしたかという衝撃的な話をされました。沖中さんのような名医でも、たしか一五%といったかな、かなり高い率で誤診があったといわれているのです。

私のやっているような政策論も医者と似たところがありまして、いつもある意味では僕は病理学をやると同時に臨床医でもあると思っているのですが、われわれのやっている学問はちょうど医者が患者に対するように、社会問題が出たときに、それを解決するすべを説かなければならない。それが政策学のつらいところで、分析して評論するだけではいけないので、治さなければいけない。治すために少なくとも診断をしなければいけない。

政策論というのはタイミングが必要なので、試合が終わってからいくらホームランを打ってもだめで、どうしようもないときはデッドボールでもいいから塁へ出ないと、政策論は任務を果たせないのだということもあります。そこで、どうしても誤診も多くなる。次つぎとわからない社会問題が出てきて、医者でいえば奇病が出てきて、いままでの知識ではわからない。わからないけれども、そこで苦しんでいるのを治さなければならない。致命傷を与えなければいいのではないかと思うのですが、ひょっとしたら致命傷を与えてしまっていることもあるのではないかと思っています。

そういう意味で、社会科学者というのは一貫した学説を続けること自体がむずかしいのですが、とりわけ政策論をやっているものが、息長く自分の説を展開していくのはすごくむずかしいことだろうと思います。幸いにして僕などは生き残ってはいるものの、たくさん誤診もしたし、そう悪い結果を招いた理論もあるのではないかと思っています。

ここで、大きなまちがいをしたことを二つ告白しておかなければなりません。

第一のまちがい

一つは、僕は学生時代、第四高等学校の時代からマルクス主義の洗礼を受けました。洗礼というのはいやな言葉ですが、日本のマルクス主義には宗教的なところがあるから「洗礼」という言葉がいちばんいいのではないかと思います。戦前から、四高の社会科学研究会は蓄積と伝統をもっているところで、社会科学研究会へ入って以降、そこで鍛えられて始まったものですから、若いときに学んだマルクス主義は、僕の一つの思想の柱になっていました。

どうしても、マルクスの唯物史観に基づいて物事を判断するというところがありますから、その場合に日本のマルクス主義というのは「基底還元論」と僕は言っているのですが、下部構造が上部構造を決定する、つまり生産関係から出発して、そこで階級構成をみて、そのなかからすべての社会現象を切っていこうという思考方式があります。

僕は、十代の終わりから社会科学の方法論としてマルクス主義を学んだのですが、幸いにして先生が非常に優秀で、水田洋さんとか、島恭彦さんとか、日本のマルクス主義のなかでいえば通俗的マルクス主義を超えている偉大な思想家たちと出会うことができました。かつ私どもの大学時代は学生運動の大きな転換期、分裂をする時代でした。左翼がイールズ事件をめぐって闘争しているうちに分裂するということを経験したものですから、マルクスも何でも疑えといっていますが、まさに何でも疑えで、それまで四高から大学の初期まで学んできたマルクス主義の原理とか定理について疑いをもち始めたのです。

それが『思想』に書いた「必然性の解釈学からの脱皮のために」です。これは金沢大学の助手時代で、世間に発表した論文としては「内灘村」に続く二番目の論文です。

そこで、すべてを基底還元することのまちがい、そうしてしまうと人間の行為とか、地域の状況がすべて資本主義の矛盾であるとか、アメリカ帝国主義の支配、従属の問題だというふうに短絡的な結論にもっていってしまう、そのことに対する批判を最初にしたのです。必然性の解釈学からいかに脱皮するか、つまり主体形成とか、そういう生産関係や階級構造と相対的に独自の問題点をどのように考えていくかを、最初に問題を提起したのです。

この論文がきっかけになりまして、その後、島恭彦先生といっしょに地方自治の問題に取り組むことになりました。地方自治というのは言うまでもなく、人間社会の生み出した原理で、たとえば中世の都市の自治は地方自治の原型の一つだといっていいと思います。しかし同時に、地方自治というのはその社会の階級構造にも規定されているから、自治の担い手は変化してきます。実は、マルクスも地方自治がよくわかっていたとは思えないのです。

これは一つは、ドイツの割拠主義があって、近代化のためにはそういう割拠主義が大きな鎖になってしまっているので、もっと近代化を進めようとすると中央集権国家をつくらなければならない。あるいは民族的、エスニックな対立は近代化をはばむ。だからどうしても地方自治というのは古くさい足枷のようになると考えていたのではないかと思います。マルクスは地方自治について全面的に肯定していなかったわけで、最初の論文を読むと、すべてが民主的中央集権、これがマルクスの政治の理想とされていました。

ところが、パリ・コンミューンが起こりまして、パリ・コンミューンはマルクス主義に大きい影響を与えるのです。それをみてマルクスもエンゲルスも、とくにエンゲルスという人は勘がいいですから、地方自治の重要性に気づいて、それ以後の論文が地方自治を評価することに変わってくるのです。しかし必ずしもマルクス主義の源流は、地方自治を基礎にした政治の問題の立て方ではなかったと思います。

とりわけ遅れた国で民主主義を導入する場合には、上から民主主義をおろそうとするから、どうしても地方自治よりも民主的中央集権という概念のほうが強くなったのではないか。ですから、レーニンの『国家と革命』を読んでもわかるように、たしかにエンゲルスを引用して地方自治の重要性をレーニンは説くのですが、それはあくまで民主的中央集権がもたらす官僚制を改革するための道具の役割ぐらいにしか見ていない。ほんとうに民主主義の基礎が草の根にあって、住民が参加していって民主主義を築いていくという考え方は、おそらくマルクス主義にはなかったのではないかと思います。

私自身は、基底還元論を批判して、しかも、これまでのマルクス主義の伝統とは異なる地方自治への重視ということで、学問を出発させたのですが、実際のところ、ほんとうはよくわかっていなかったところがあるのですね。地方自治の一般原理と体制によって規定される地方自治の現状——たとえば日本の場合ですと、地方自治が地方のボスに握られてしまうとか、田中角栄のような地域に根をおいた政治家があらわれてくると、それによって自治が支配されてしまうというような、体制によって規定されるものと、地方自治の一般原理をどのように関連させて理解するのか。マルクス主義のいままでの考え方からいうと、現実の自治の行き詰まっていることを重視して、地方自治は支配の道具だという結論になるのですが、そうでなくて、そういうものを超えて地方自治の一般原理を求めて住民がもっと前へ進もうとしていることもみなければならない。原理があって、現実があって、市民の世論や運動が原理を求めて現実を改革しようとする、そういう三構成で地方自治を考えうるのです。感覚的にはそういうダイナミズムでとらえていたものですから、私は早くから自治労の自治研活動に参加したり、住民運動に参加してきたのですが、実際のところ、判断する時にはその問題を理解しきれていたとは思えないのです。

つまり民主主義とか、地方自治とかいうテーマについて、おそらく三〇歳代の半ばぐらいまでは、渾然として三つの問題があって、それを総合的にとらえるということは意識していたのですが、体制論へ還元していく、体制に規定される地方自治の問題ということで地方自治論をみていたのではないかと思います。

松下圭一君との論争が、その典型です。あるところでは松下君を批判したのが当たっているのですが、完全にまちがっていた点があったと思っています。

松下圭一『戦後民主主義の展望』という本があります。最初の僕の誤りというのはこの書評にあらわれた、民主主義のとらえ方です。ひいては地方自治のとらえ方だろうと思います。

松下圭一君は四高のときの同級生で、僕は理科でしたが三年の時に文科にかわり、卒業は彼より一年おくれました。彼は文科でした。あまり四高のときは目立たなかったのです。芝田進午君のほうが四高の文科のリーダー的存在だったのですが、実際は松下君は東大へ入ってから、東大新聞の編集部にいてジャーナリストとして鍛えられたこともありましょうが、大変センスのいい政治学者だと思います。いまは日本を代表する政治学者です。いっしょに自治研などやっていて議論はしてきたのですが、彼が一九六五年に『戦後民主主義の展望』を書いた。これは松下君の後の考え方の基礎になっている、ポレミックなものですが、非常に大胆な問題提起をしたものでした。僕は『朝日ジャーナル』に頼まれて、この本の書評をしました。

後年、読み返してみて、この書評は一面では正しかったが、一面では大きなまちがいをしているなと思ったのです。

松下君は二つの座標で現代をとらえようといっているのです。縦軸は工業化で、横軸が民主主義だ。この二つの座標軸で現代をとらえうる。これは資本主義、社会主義を問わず、そういうふうにとらえうるのではないか。その上で、現代の資本主義の矛盾からどう次の社会へ行くかを考えたほうがいいと書いています。これは政治学者らしい見方ですが、工業化というのがロストウの発展段階説をそのまま使っていて、生産力の度合いをはかるために工業化に座標をおいている。民主主義の側は、その当時非常によく読まれたストレーチーの民主主義の経済制度論です。これは政治の発展の度合いを一般的民主主義で測っていこう、経済の発展の度合いを工業化ではかっていって、その二つの座標軸で日本がどこにあるとか、アメリカとどこがちがうのかとか、そういうふうにしてとらえていってみたらどうだろうかという論文でした。

僕は、ある面で評価したのです。当時のマルクス経済学者はそのころの高度成長の評価ができていなかった。高度成長のもっている生産力の発展の側面が無視されていて、そこから起こってくる社会的な矛盾ばかり指摘していた。住民運動もまったく評価できなかった。その点に関していえば、彼が、日本の住民運動が民主主義に向かって動く原動力になっているし、日本の高度成長はこういう工業化に向かって日本を発展させているのだということをはっきり言ったことは、大変評価できると思ったのです。

しかし、工業化という場合には生産関係はぜんぜん消えてしまう。資本主義か社会主義かという問題はここには出てこない。民主主義の一般原理という形にすると、これもまた体制論とは無関係になってくる。これはロストウの発展段階と同じじゃないか、いったい一般民主主義というのはあるのだろうかと。

そのころは迷ってはいたのですが、それでも民主主義にはブルジョア民主主義とプロレタリア民主主義と二つある。ブルジョア民主主義というのは限界がある。社会経済的に不公平である。法的には民主主義は認めていても、実際にその民主主義は生活や経済上の分配では履行できない。そういう面でいうと、ブルジョア民主主義は限界がある。かつブルジョア民主主義というのは間接民主主義で、議会制民主主義なのだけれども、直接民主主義がこれからのひとつの形で、プロレタリア民主主義、つまりソビエトという形態のなかにそれがあるのではないかと思っていましたから、そこでこういう民主主義の一般原理とか、一般的地方自治という問題を提起するのはおかしいと批判しました。

つまり松下理論には生産関係が消えているということと、ブルジョア民主主義とプロレタリア民主主義があって、民主主義そのものが発展段階に応じて変わらなければいけないのに、一般原理などないという――そこまではっきりは書いてないですが、それに近いことを言って、民主主義というものは体制的な規定を受けるのだという考え方で評論しています。これは明らかにまちがっていたと思います。

民主主義にはブルジョア民主主義とプロレタリア民主主義と、あるいは中世の民主主義とあって、そういうふうに階級的な規定を受けながら変化していくのだと考えていて、これは明らかにまちがっていた。これは一九六〇年代までの私の誤診の最大の問題点の一つであったと思います。

もちろん民主主義そのものは変化すると思うのです。変化すべきものだと思います。たとえば、いまの議会制民主主義がもっている限界があって、住民参加あるいは参画するのに議会や行政を改革するかという問題とか、地方自治も一般的な原理としては最も正しいのですが、地方自治のあり方についても変化していくと思います。しかしそれは、階級的な規定とか、生産関係に還元して体制的な規定を受けると考えてはいけないのではないかと思います。

民主主義は三権分立とか地方自治といわれている内容をもっている民主主義ですが、そういった政治制度は文化や芸術と同じようなもので、人間の社会的な発展のなかで生まれてきた英知の所産のようなものであって、そういうものは社会主義か資本主義かという体制のいかんを問わず、受け継ぐべき原理なのではないかと思うのです。

高等学校時代によく論争したのですが、芸術はいったい進歩するのか進歩しないのか、ベートーベンとバッハとどちらがすぐれているかとか、くだらない話ですが、こういうのは高等学校の学生は大好きで、そんなことを徹夜で議論しました。芸術と体制との関係は、明らかに相対的に独自の問題で、芸術は必ず進歩するというのはまちがいですし、そういう進歩主義のまちがいが明確であるにもかかわらず、意外に日本のマルクス主義のなかには全部の社会現象を基底還元してしまって、あらゆるものを生産関係論や階級制度論で切ってしまうところがあります。せっかく私は、ほかの人たちより早く地方自治の問題に取り組んでいたのですが、この時期には中途半端だったと思います。少なくとも一九六五年の段階では、自分が否定していた基底還元論に足を引っ張られていて、松下圭一君の論文の評価を誤ったと思います。

ですから、この時期に書いたものを読みますと、住民運動あるいは、市民運動の独自性を主張していないのです。市民運動の重要性は指摘しているのですが、これは日本の労働運動や革新政党が弱いからその代理戦争をやっているのだというまちがった評価をしている論文もある。明らかにまだ基底還元論に、自分はとらわれていたなと思い返しています。

第二のまちがい

第二に誤診として告白しておかなければならないのは、公害問題のとらえ方です。広く言えば都市問題のとらえ方です。

私は金沢大学時代に新しい仕事として地方自治をどう考えるかということと同時に、高度成長の時代に生まれた地域経済や地方財政の問題、とりわけ過密・過疎といわれた都市、農村問題の政治経済学をやるようになりました。これはたぶん柴田徳衛さんとの共同の仕事が、そちらへ目を向けさせるきっかけになったと思います。

私は師匠にも恵まれましたが、友人にも恵まれました。すぐれた友人と仕事ができたことは非常に幸福だったと思います。それも年上の友人が、柴田さんなどは六つ上ですが、ほとんど年齢差を感じさせることなく付き合ってくれて、むしろ逆にまるで先輩のごとく立ててくれた。岩元和秋さんもそうですが、そういう人たちのおかげで今日あると思っています。柴田さんは経済学者というよりもすぐれた社会学者だと思うのですが、その影響で地域の問題、社会問題に目を向けたわけです。それで地域開発を研究していて、公害にぶつかりました。『環境と開発』(岩波書店、一九九二年)の冒頭に書いたのですが、公害の問題が従来の経済学——マルクス経済学、近代経済学を問わず——の論理で扱えないことに気づいて、それから公害問題に引き込まれていったのです。

公害は言うまでもなく、体制を超えた社会的災害です。このことは、いま言っても別に新しいことではない。旧ソビエトの公害のひどさなどは有名ですから、体制を超えた社会的災害であることはまちがいないのですが、しかし公害が起こってきた歴史的な過程をみると、この社会的災害は明らかに産業革命以降の工業化、都市化の過程で初めて日常的・一般的・全国的・世界的——そういう普遍的現象となった災害です。その原因は明らかに政治・経済的なものでありまして、今日では企業と国家に責任があることは言うまでもないです。

高度成長期の日本の公害は、とりわけ企業の犯罪といったほうがよい、国家はその犯罪的な企業の行為を規制するどころか、それを助成していたといったほうがよい状況です。水俣病、あるいは四日市公害で体験してきたところです。そういう現実の公害の歴史をみる限り、近代化の過程から初めて全面的な様相を展開する、かつ、日本の現状の高度成長の時期の公害問題は、明確に企業が安全の費用を節約したことから起こる災害であったので、私は最初の庄司光先生との共同著作の『恐るべき公害』で、この公害を資本主義生産関係に付随する社会的災害とした。そしてここに明らかに階級対立があって、現代の加害者は大企業・国家であって、被害者は労働者や農・漁民であると規定したのです。

これは日本の当時の現実、そして近代化の歴史をみる限りまちがっていたとは言えない。大変この本はよく読まれたし（約五〇万部）、よく引用された本です。しかし、この規定をした背景には、やはり基底還元論が入っていた。私はポーランドの生んだランゲと同じように、公害のような社会的費用は社会主義社会では計画的に内部化できるという考えをもっていました。

私は理科出身だったので、事実のほうを既成の理論よりも重んずるところがありますから、初めから社会主義には公害がないと断定するのは危険だと思っていました。その後に出た、たとえば向坂逸郎《さきさかいつろう》さんの公害論などを読みますと、社会主義の状況を調べもしないで、社会主義には絶対に公害はないと断定されています。僕はそう断定するのは、実際調べてみなければわからないと思っていましたから、国連の資料を調べているうちに、ＷＨＯの資料のなかに、チェコのオストラバの大気汚染の資料がありまして、それを『恐るべき公害』には書きました。つまり社会主義にも公害があるという事実、オストラバの場合、ほぼ川崎や八幡と同じぐらいの深刻な汚染が起こっている状況がわかったので、それを書いたのです。その説明として、これを社会主義の生産関係から生まれるとはしないで、社会主義国が発展途上国から出発した生産力の低い段階にあるということと、官僚主義の所産であるということを指摘して、しかし、たぶん都市計画その他の計画手法を使えば、いずれは解決できるだろうと書いたのです。

そういう意味で、社会主義の公害の事実を指摘したことでは正しかったのですが、この『恐るべき公害』の解釈は明らかに、いまからみればまちがっていたと思います。資本主義の公害が資本主義の生産関係に規定されることは明らかですが、公害を資本主義の生産関係に付随するとして、資本主義の固有の問題にしてしまっている。この段階では、まだほんとうの意味で公害論ができ上がっていなかったのです。

そういう意味で、非常に重要な自分の中心的な課題である民主主義、とくに地方自治の問題、あるいは公害の問題について、自分で批判していた基底還元論に陥っていた。すべてを資本主義的生産関係に引きつけて、あるいは日本資本主義の体制に引きつけて批判するというやり方をとってきていたことについて、これは一九六〇年代までの教師生活の前半部分での大きな失敗であったことを告白しなければならないと思います。

そこからどう脱却するか。若いときにつくられた思想を変えていくのは実に困難なことです。それも精緻な形で固められてしまっているある思想集団のなかから抜け出すのは、容易ではないということをつくづく感じます。

日本だけでなくて、他の国にもあるのですが、共通した悪い思考は原理主義なのです。つまり、どこかでマルクス、エンゲルス、レーニンというような偉大なる思想家の片言隻句を引用し、それを金科玉条として立てないと納得しない。これは科学ではなくて神学だと思うのです。新しい見方をすると、すぐに修正主義だとか、改良主義だとかいうレッテルを張られてしまう。

最近はこのようなことは少なくなりましたから、今の若い人たちは幸福なのですが、科学者の集まりであるはずの学会でも、そういう傾向があります。おまけに、社会科学は政治と密着していますから、どうしても政治主義になってくるところがあります。その政治主義で問題を判断してしまうために、がんじがらめになって研究者として成功しなかった人たちが、私のまわりにもたくさんいます。

私などは非常に運がよくて、おそらく東京や京都や大阪にいたら、もみくちゃにされたのではないかと思いますが、幸いにして、金沢という地方にいたので、ゆっくり新しい領域へ向かって仕事ができたのです。

これも感謝しなければならないのですが、私は早くからジャーナリズムと関係したのです。金沢大学で助手になったばかりのときに、『北国新聞』の学芸部長の稲垣年雄さんが、僕のところへあらわれて、先生、何か書きましょうよというわけです。それに応じて、小論を書くと、これはちょっとむずかしいとかなんとかいってケチをつける。しかしそのうちにだんだん、おもしろいとほめてくれるようになりました。彼は学芸欄に穴があくと僕のところに電話をかけてきて、「先生、書きませんか」というから、「何を書けばいいか、いま何も僕はテーマもってないよ」というと、「いや、きょうは満州事変が起こった日ですから、満州事変について書きましょう、明日とりにきますから」と言って、一晩のうちに満州事変について書かなければならない。それもストレートに書くと学芸欄になりませんから、ひねらなければいけない。カーブを投げるわけですから、満州事変についていろいろ考えて、結局一九三〇年代生まれのものは不幸だとかいう話を書こうということになって、随筆を書いていたのです。

マスメディアで書くのはたいへん重要です。新聞に書く場合には、いろいろな党派とか、特定の考え方にとらわれずに、読む人を説得しなければならない。だから表現も、特定のサークルでしかわからない、たとえばマルクス主義の用語でちりばめて、国家独占資本主義だとか何とか書いても、だれも読んでくれやしない。どのように一般の人が日常的に使っている言葉で言いたいことを表現するか。かつ、私のような少数派の辛口の意見が共感をもって受けいれられなければいけない。そういう手法を助手時代に学んだといってもいいですね。

その後は『朝日新聞』、『朝日ジャーナル』、『エコノミスト』や『世界』にたくさん書くことになるのですが、その習練で、「神学」的な手法にとらわれないで済んだと思います。

とはいえ、基底還元論から抜け出していく道筋のなかでは、故もない批判がずいぶんありまして、その人たちをどう説得するかにずいぶん気を遣わざるをえなかったように思います。

たとえば、僕が地域開発について書いたものについて、六〇年代には科学者会議のメンバーからひどくたたかれました。つまり僕の本を読むと、何かあるべき地域開発がある、しかし地域開発なんてそんなものではない、これは独占体の立地なのだ、独占資本の立地が地域開発なので、住民の地域開発とか、あるべき地域開発があるなどということを主張するのは、基本的にまちがっていると、批判を受けたのです。

ところが、前衛党の方針がある時期に変わって、突如、民主的地域開発論に転換するのです。これには驚いてしまいました。これまで僕を批判していた人たちがみんな民主的地域開発と言い出すので、今度はこっちのほうが少し皮肉って、民主的地域開発って何だ、それはどういうことを言っているのかと聞いたりもしました。

また、「公害」という言葉も、『前衛』で批判されました。これは『恐るべき公害』の売れ行きに影響したのではないかと思います。

しかし、僕はそういう場合には、事実をみてほしい。「公害」という言葉がもしいけないというのなら、この言葉がどこから出てきたのか一度歴史を調べてほしい。これは戦前から法律用語として使われ、また今後一般化するので、特定のサークルがその言葉はおかしいと批判しても納得できないとした。そのうちにみんな「公害」という言葉を使うようになりましたね。そういう雰囲気のなかにあって、基底還元論から脱却するのは容易ではありませんでした。これまでの生活でストレスが健康障害としてあらわれたことは、二回あります。

一回目は安保闘争が終わった直後、一九六〇年夏に入院しています。安保闘争では、私たち教師も何回もデモをしました。蛇行デモをわれわれ教師がやるものですから、警官が出てきて、「先生、もういいじゃないですか、いいお年をして、もうやめておいてください。先生たちの主張はもうわかりました、よくわかりました」と言ってくれる。ちょうど学生部の委員をやっていまして、一方で学生が過激なことをやるのをやめろといいながら、蛇行デモをやるのだから、ストレスになる典型的な状態です。その当時の学生運動は厳しかったですが、僕のところに、学生たちはしょっちゅう遊びにきていまして、家へ帰っても学生がきているから食事ができない。

その当時の学生部の委員の役割は、警察に逮捕されないように、いかにして学生を守るかということでした。安保条約が国会を通過するときはゼネストをやろうというわけで、学生が金沢駅の構内に入りまして、学生が国鉄の労働者といっしょに汽車をとめたのです。これは絶対に逮捕されると思ったものですから、学生部委員会で決議をしまして、学生部委員が全員、機動隊が学生のところへ出てくる前にでて、とにかく学生を逮捕させないようにというわけで、駅の構内に学生といっしょに徹夜で座っていたのです。幸い、だれ一人逮捕されませんでしたが、ヘトヘトになりました。

その上、この年の正月に親父が急に死んでしまい、母と弟たちを養わねばならなくなりました。僕にとっては人生の危機の一つだったのですが、それで胃潰瘍になってしまいました。典型的にストレスからきた胃潰瘍です。それで二カ月入院して、食養生をやりました。

もう一回、三〇代のなかばごろ、『社会資本論』をまとめる時期に強烈なストレスに陥りました。私は比較的、精神的には安定した男で、あまり過激に怒ったり、喜んだりしないタイプなのですが、この『社会資本論』を書くときにはすごいストレスでした。有斐閣の山荘に泊まり込んで、その夏に全部書いてしまうつもりで書き始めたのですが、日本の代表的なマルクス主義経済学者の顔が浮かんできまして、たぶんこういうことを書くと、ここから反論がくるだろう、その反論を乗り越えるためにはどうしたらいいだろうかと考えるのです。そのうちに、だんだん食事ができなくなってきまして、有斐閣山荘のおばさんが「先生、食が進まないようだから、きょうはおじやにしましょう」なんていって、とてもおいしそうなおじやをつくってくれるのですが、食べられないのです。一行も書けないで山をおりてきたことがあります。この『社会資本論』が僕にとっては転機だったと思っています。

つまり、いろいろ言われても真理と考えたことは断固として書く。とにかく、これまで築き上げてきたものは言おうと、それを最初にやれたのが『社会資本論』だったと思っています。

「容器の政治経済学」へ

ここで、「素材から体制へ」という僕の方法論を最初に使ったのです。この本では「質料」という言葉にしていますが、都留重人先生が「素材」といわれていることと同じことですが、「質料から体制へ」、あるいは「質料的規定から価値的規定へ」という方法論を構成したわけです。これは案の定、「神学的マルクス主義者」から強い批判を受けました。「社会的費用」などという言葉を使ったことについても近代経済学に屈伏するものとして批判されましたが、しかしこれで迷いがふっ切れて、素材から体制へという、後の方法論の出発点になったと思います。

研究者にとっては国際的な舞台で開かれた形で問題をみるというのは大変大切なことです。私たちの時代には外国へ行くのはなかなかむずかしくて、一生不可能なのではないかと思っていました。しかし、だんだん大学の教師の給料が上がってきてくれたおかげで、必ずしも夢ではなくなりました。一九六七年にチェコのプラハの国際財政学会、七二年にニューヨークの国際財政学会に出まして、それが僕にとっては大きな体験だったと思います。相対的にものをみることができるということで、基底還元論から脱却することが、うまく進むようになったのです。

『社会資本論』以上に体制についての問題を出したのが『地域開発はこれでよいか』(岩波新書)だと思います。これは論文集だし、時論を集めたものですから、学問的なものではないのですが、これもよく読まれた本で、三〇万部ぐらい出たと思います。この一九七三年の本のなかで、その後の僕の考え方をだれにもわかりやすく書いたと思っています。

ここで初めて、貧困を古典的貧困と現代的貧困とに分けまして、古典的貧困のほうは所得水準とか、失業とか、根源的な貧困ともいえるものです。現代的貧困というのは、そういう問題と直接の関係なく起こってくる生活の場における生活困難、一方は職場において資本対労働の関係で起こってくるのに対して、もう一方は生活の場で起こってくる公害や都市問題というものだと区別をしました。古典的貧困はソビエト型の社会主義とか福祉国家で解決できるけれども、現代的貧困はいまの二つの体制では解決できない。現代社会において福祉国家とソビエト型の社会主義は、現代的貧困の解決をめぐって競争せざるをえない。両者とも解決できていないし、今後もすぐに解決できるとは思わない。

ここで、現代的貧困の問題は未来へつながる問題で、所得水準や失業の問題が解決したとしても、ケインズ政策でも、解決がつかない問題ではないか。古典的貧困解決の中心になるのは労働運動で、現代的貧困は住民運動で、主体も違う。したがって、六〇年代まで僕が言っていたような、住民運動が労働運動や革新政党の代理戦争だというのではなくて、住民運動というのは仮に社会主義社会になっても続けていかなければならない。そういう意味で、労働運動とは別個の独自性をもった社会運動で、労働運動と住民運動とは車の両輪みたいなものだ。決して労働運動に従属するとか、労働運動に代理するという問題ではない、まったく独自のものであると書いたのです。

『地域開発はこれでよいか』の出版の時には、もう、かなり自信ができていました。さすがに都留重人さんも驚いてしまって、「宮本君、君、これ大丈夫かね、こんな大胆なこと言って」と言われましたが、不思議とこれはあまり一般から批判されなかったのです。

ただ、労働運動の幹部からは、宮本は市民主義だと。これも故のない批判で、僕は労働運動を否定したわけではなくて、労働運動と市民運動は現代社会運動の車の両輪だと言ったのですが、しかし当時の労働組合の幹部、あるいは自治体問題研究所などでも、宮本は市民主義だと言われました。僕が研究所の副理事長や理事長をやっているものですから、正面きっては批判しませんでしたが、記念講演に異議をだしたり、市民主義の弊害をまき散らしてもらっては困ると陰では言っていたようです。

七〇年代にはこうして基底還元論からの脱却をして、こういったまちがいも自分でもはっきりわかってきましたし、その上に立って、容器の経済学をつくっていったと思っています。

ただ、初めから容器の経済学を自分のライフワークにしようというところまで考えていませんでした。

容器の経済学を、簡単に言うならば、コップの中の水は現実の経済活動、つまり資本主義とか社会主義というのはこの水なんですが、コップのなかでこの水は動いている、あるいは保持されている。このコップに当たるのが社会資本であり、環境であり、都市であると思うのです。このコップのあり方、コップの形とか、コップの質とか、そういうものが中身を決定するし、このコップが小さいと、わかりやすく言えば、たとえば交通マヒとか、清掃マヒというのは、コップが小さくてオーバーフローしているわけでしょう。しかし、コップが小さくてもいいという論理も成り立つと思うのです。

それからコップといってしまうと誤解をされるところもあって、ハードなものを想定する場合があるのですが、そうではなくて、人びとが組織をつくる、たとえば自治体のようなもの、そういうソフトなものも容器だと思う。そういうものが政治経済の外枠であると同時に、それが政治経済を規定してくるもので、その問題を経済学が解いていないので、僕はそれを解こう。社会資本、都市、国家、環境というふうに、代表的な四つのものを政治経済学の体系に組み入れようと思ったのです。このコップと水との関係、コップはどういう形で社会構成体を規定していくのかを明らかにしようと思ったのです。

そのことを自覚できたのは、大阪市立大学にきたおかげです。大阪市大にかかわるときに、商学部長であった川合一郎さんという日本を代表する金融論の先生が僕に好意的で、あなたがきてくれるなら、うちの大学にとっては戦力なので、どうぞ好きな講座を選んでくださいと言ってくださったのです。あいていた講座は経営社会学だから、そこで公害論でもやっててください、しかし、いずれあなたの好きな科目をつくってくださいと言われました。

これは大変光栄なことで、だいたい科目をつくるというのは、その頃は国立大学ですと文部省の許可が要りますから、とても面倒なのです。それが大阪市大だと自由につくれるというので、やっぱり公立大学はいいところだと思いましたね。

しかし、実をいいますと川合さんも孤立していたのです。大阪市大は政治的な対立の強かったところです。その上、僕と同年配前後の方たちは、若いときに、商学部のなかにある特定の科目を選ぶのにすごい苦労をしている、自分の専門でもないのに別の空いている科目を割当てられ、その科目をあらためて勉強するという経験をもっている人たちがかなり多かったのです。変な新人が金沢からあらわれて、勝手に科目を選ぶぞといったのがこたえていたようです。僕はそのことを最近にいたるまで知らなくて、公立大学は実にいいところだとあちこちで宣伝して歩いていました。そのたびに彼らは眉をひそめて、おれたちにはそんなに自由なところではなかったと言っていたらしいのです。

さて、それはさておき、当時いろいろ考えて、都市経営論を担当しようと思ったのです。これは大阪市立大学の誇りで、創立の時には市政科というのがあって、最初の都市学科がつくられました。だから、その伝統を復活するのが大阪市大の発展のあり方で、僕は都市学科をつくることをやってみたいと思っていました。市政科の中心が都市経営論です。

池田宏さんという、かつて神奈川県の知事、京都府の知事をやって、それで市大の市政科の主任になった人ですが、その人がやっていた都市経営論をやりたいと思っているのだと言いました。これには森下二次也《ふじや》さんが反対しました。森下さんは市政科出身なんです。商業論の大家ですが、都市経営論には思い入れがありまして、都市経営論はやめておいてくれといわれました。

それで困ってしまって、それならいっそのこともう少し広い題名をつけて、地域経済論にしますといったら、長老教授のあいだでは、これはあっさり通りました。

それで全国で初めて地域経済論という科目をつくったのです。これは影響力がありましたね。ほかの大学も次つぎと地域経済論をおくようになったのだから、時代が必要としたのだと思います。

地域経済論というのは構成がむずかしいのです。その構成を考えていくと、都市と農村という二つの対立する人間の社会を総合的にとりあつかわねばならない。今日都市化しているから、農村も純粋形態はなくなったのですが、それにしても経済・社会・文化はちがっています。それを総括する地域という概念があいまいで、講義をどのようにするか、四苦八苦しました。そこで、まず都市からいこう、都市経済論を構成して、それが出来たら農村の研究をしようと、七〇年代はずっと都市の研究をやりました。

この頃、岩波書店から伊東光晴・篠原一・松下圭一の三氏と共同で『現代都市政策』という講座を一二巻出しました。それから都市に関しては、ずいぶんたくさんの論考を書きました。

このあいだが、ひとつの習練期間だったと思うのですが、『財政改革』という都市財政論を書いて、それでニューヨークへ行って、ニューヨークを観察しているうちに自信ができてきまして、『都市経済論』を書いたのです。これは明らかにマンフォードの影響を受けています。助手時代に読んだマンフォードが生きてきまして、『都市経済論』を書いたのですが、『都市経済論』ができたのは、大阪市大に移ったおかげです。しかも地域経済論という、とにかく商学部の戦後の枠組を打ち破って勝手な科目をつくってしまったことのおかげです。

この大学にいていちばん腹が立ったことは、都市問題研究センターをつくれなかったことです。都市問題資料センターの所長になったときに、これを発展させることが僕の使命だと思っていました。これを昇格し充実させて都市問題研究センターにしたいと事務局と相談したら、先生が汗流すならやりましょうということになりました。運営委員会にかけまして、研究センターへ発展させるという基本方針を決めて、評議会にかけたのです。

他の学部の教授会は全部私の改革案に賛同してくれたのですが、驚いたことに足もとの商学部が保留として賛成してくれないのです。理由は他の人権問題などの社会問題研究センターをつくるのが先だというのです。

だれが考えても、大阪市大のこれからの将来構想のなかで都市問題研究センターは中心で、これこそ大阪市大の特色になることはわかっているのだから、満場一致で賛成されると、私はたかをくくっていました。僕は根回しはきらいで、根回しをしなかったものだから、理由にならない理由で、つぶされてしまったのです。これが大阪市大における僕の最大の心残りです。

これと前後して都立大学でも同様の考え方があり、全学一致で八講座からなる都市研究センターをつくってしまった。それまでは都立大学の研究者は、市大はうらやましい、都市問題資料センターというこんなりっぱな建物と事務員がいるので、いつでも研究所に昇格できる、うちは建物もなければ事務員もいないといっていたのです。そういう意味では、ほんとうに残念でした。

ユートピアを求めて

さて、私は、これまでのべましたように、まちがったことをいくつか教えてきたと思います。それはお許しいただきたい。冲中さんとちがって誤診率何パーセントというふうに社会科学の場合には数量化できませんから、誤診率が何パーセントあったかは学生諸君の判断に任せます。

これからの研究についてです。僕はかなり弾力的にものを考えてきましたから、僕の本の中には近代経済学や制度学派も引用され、出てきます。私は真理というのは、必ずしもマルクス経済学だけが生み出せるものではないと思っていましたから、それぞれの学派が現状を正しく分析して、あるいは正しい政策提案をしておれば、それを採用するのは当然だと思っています。そういうことができなかったから、いまマルクス経済学は危機に陥っているのだと思います。

しかし、このごろの一部の経済学者の状況はそれとはことなって危険だと思っています。一九九二年、立命館大学の経済学部に呼ばれて記念講演をしたのですが、そのあとのコンパで、立命館の先生たちが、きょう先生が記念講演のなかでマルクスの『資本論』を引用していろいろ話をされたので、驚いた。いま私たちはマルクスの『資本論』なんて、学生の前でよう引用できないというのです。

ちょうど戦争直後に天皇制、あるいは軍国主義、そういうものについて一言も触れられなくなって、民主主義一辺倒でなければならないというような、それと中味はちがいますが同じようなことが、社会主義とかマルクス主義について、研究者のなかにさえあるということに僕は驚きました。それはあまりにも無節操なのではないか。羹に懲りて膾を吹くということがあるけれども、いままでマルクス、マルクスといってきた人間が、突如一切マルクスのマの字もいわなくなるのはおかしいと思ったのです。

私は戦争中に軍国主義一辺倒だった先生が、突如、民主主義者に変わることをみてきました。こんどは、かつての社会主義者が一変して市場経済論者、あるいは無思想の不可知論者になってしまう。あるいは、いまだに硬直的なマルクス主義神学に閉じこもっている人もいて、これも問題ですが、しかし、無思想のその場主義というのも困ると思うんです。天皇制や軍国主義は一般的な原理たりえないので、こんなものは捨てなければなりませんが、マルクス主義のもっていた理論は、天皇制や軍国主義とはちがいます。

思想というのは相対的なもので絶対的なものではない。先ほどからいっているように、真理も相対的なものですから、思想を宗教にしてしまったらいけない。思想は思想として、時代の中で評価をしていかなければならないものですが、全面否定はおかしい。僕はいまの混乱が鎮まれば、マルクス主義に対する正当な評価が必ず起こってくるだろうと思います。

資本主義社会は変容していますが、資本主義的な市場制度の続く限り、僕はマルクスの分析と批判は生きていると思っています。

マルクスの産業資本主義分析と批判というのは、これはどの学派よりも正当な理論をつくっています。いま市場の欠陥論として経済学が取り上げている理論はマルクスの理論が最も明快で、資本主義市場制度の矛盾を突いています。

しかし、マルクス主義経済学のなかでの国家独占資本主義論は誤っていたと思います。僕は一九八一年に出した『現代資本主義と国家』の本のなかでこのことを批判しました。「国家独占資本主義」という言葉を使うなと言ったので、あの本を『現代資本主義と国家』としたのは、そういう意味です。

どこがまちがっていたかというと、寄生性と腐敗性で国家独占資本主義を語っているものですから、資本主義の生産力の上昇が評価できない。それから国家による改良の意義が評価できない。国際化についても評価できない。全般的危機論でしたから、すぐにも資本主義は社会主義にかわることになっていた。そういう意味で残念ながら国家独占資本主義論は誤っていると思うのです。

それから唯物史観についても、これまでのべたように機械的な基底還元論はあやまりです。おそらく生産関係が人類の歴史の発展段階を規定して、人間社会の動態の重要な要因の一つであるということはまちがいないのですが、これを基底還元論で、あらゆる上部構造といわれているような政治、文化、芸術、教育の独自性とその経済への反作用を否定してしまうとあやまってしまいます。政治のなかでの民主主義とか、地方自治を、先述のように階級論で規定してしまうとすれば、完全に誤りで、唯物史観がそういうふうに使われてしまうと、害毒を流すと思うんです。ある政党があらゆる芸術、文化、教育、生活を支配するような制度につながっていくような考え方を唯物史観から引き出していくとすれば、そういう唯物史観は捨てたほうがいいと思っています。

政治、文化、芸術、思想というのは相対的に独自なものです。ですから、生産手段の所有がすべてを決定するように考えるのがまちがいであることは、今日のソ連型社会主義の崩壊で明らかになったと思います。

僕はもう少し若くて力があれば、社会主義がなぜ崩壊したのかということを、自分の目で確かめたいところですが、これはもう望めません。おそらくこれは一九九〇年代に生きる研究者の最も重要な課題のひとつではないかと思います。意外に、かつて社会主義論を研究していた人が、社会主義は開発独裁の一つですよなどと言うんです。それはそうかもしれないが、しかし果してそれで済むでしょうか。

私は社会主義の研究者は、ソ連共産党の戦後の歴史と、そのなかから何がいちばん大きな矛盾で、その解体の後に何がきたのかということについて、きちんと分析をすべきであると思っています。

大学というところは、幸いにして非常に自由なところで、私もゼミ生には自分の思想を押しつけなかった、学生諸君もおそらく僕の考え方を批判したり、あるいは同調してくれたりしながら成長してきたのだと思っています。

今後もぜひ社会問題について、学生時代と同じように興味をもって生きていってほしい。大切なことは夢だと思うのです。マルクス主義がよかった点は、夢があったところです。つまりユートピアというのは人類にとっては生きていく支えみたいなもので、マルクス主義の社会主義もユートピアの一つでないでしょうか。

つまり理想社会をつくらなければならない。現状を批判するだけでなくて、そこから先つねに理想社会を求めて行為をしていくところに人生の楽しみがあるわけです。家庭の未来もそうでしょうが、同時に、もっといい社会を自分たちはつくるのだという夢をもつことが大切なことで、おそらくそれが若いときに私たちがマルクス主義にひかれた、一つの理由でした。

そしていま過去のマルクス主義を乗り越えて、新しい未来社会を展望する時代に入っています。教科書がなくなったことはまちがいないのですが、ただ新しい教科書は古い思想を十分に学んで、その限界を乗り越えながらつくられていくので、ユートピアといっても、空想の産物だけであってはいけないのです。過去の思想と現実のなかからぜひ未来社会を構想する、そういうことをこれからやっていただきたいと思います。

「君たちはどう生きるか」というのは、ユートピアを求めて生きようではないかという私の結論です。理想社会を求めながら生きていくことを、ぜひこれからも考えていただきたいと思います。

現代は混迷の時代だといわれますが、私は人類の命題というのはいま明確だと思います。平和、基本的人権と民主主義、絶対的貧困からの解放、環境、資源の保全、こういう人類の課題は明快です。その明快な人類の課題を、どのように「維持可能な社会」(sustainable society) としてシステム化していくかが、いま問われています。皆さんは、今後そういう社会をつくっていくために努力していただきたいと思います。

経済学の百年

国家と経済学

今日は二つの主題に分けて、「経済学の百年」を考えてみたいと思います。

第一は、資本主義経済制度と国家との関係について二〇世紀の経済学はどのように取り組んできたかということです。

第二は、今、人類にとって二一世紀に向けて最も重要な課題になり始めている環境問題の衝撃が、経済学の中でどういうふうに扱われてきたかについてお話をしてみたいと思います。

どちらも私の研究に引きつけながらお話をしますので偏るところがあるかもしれませんが、お許しいただきたいと思います。

二〇世紀の前半は、第一次世界大戦、ロシア革命、一九二九年世界大恐慌、第二次世界大戦、中国革命と、まさに世界史に残る大きな出来事が相次いで起こったのであります。こういう大きな社会の変化が経済学に反映しました。一九世紀後半には、マルクスが『資本論』で分析した資本主義の弊害が出てきました。資本の蓄積に伴う貧困化の問題、そこから来る貧富の対立、民族や性の差別、そして景気の循環が繰り返し、その中で産業構造は変化し、失業問題が循環的に起こった。空間的には地域経済の不均衡、都市の発展に比べて農村の経済・社会が遅れていきました。マルクスが資本主義の弊害として述べたことが、一九世紀終わり頃、起こっていたのですが、それに対応しながら、資本主義も変化をしてきたのです。金融資本を中心とする独占体が成立し、それが国家と結びついて、帝国主義戦争としての第一次世界大戦を起こす。資本主義の発展過程で、生産や生活の社会化が進み、公共部門が拡大する。こういう条件が資本主義の危機が進むことと相まって、国家が生産や消費の過程に全面的に介入するということが、二〇世紀に始まったのです。

二〇世紀前半に、支配的な学説となったのが、マルクス主義経済学とケインズ主義経済学でした。マルクス主義経済学は、二〇世紀に入り、国家独占資本主義論と社会主義的計画経済論の二つの大きな理論を立て、それをいろいろな形で社会運動化したり体制化することを行ってきました。この二つの理論は現在においては、いずれも大きな問題点を生み、欠陥を見せているのですが、それについて簡単に申し上げてみたいと思います。

ロシア革命を成功させたレーニンは、生産力が低く民主主義や教育文化の未成熟なロシアの近代化を進めるために、献身的な労働者やインテリゲンチャの前衛党の主導により、中央集権的な社会主義を進めようとしました。彼は社会主義の過渡期としてネップという私的所有権をのこした混合経済を進めましたが、その後を継いだスターリンは反対勢力を弾圧し、独裁体制を敷いたのです。ネップを止めて農民の私的土地所有権を廃止し、集団化を進め、「中央指令型」の一国社会主義体制を作りました。

一党独裁の社会主義体制は、民主主義や自由を制約し、マルクス主義を国定のイデオロギーとして全生産・生活を統制するという異常な体制でありました。しかし大恐慌によって当時、資本主義の危機が深まり、失業の恐怖に喘ぐ資本主義国の労働者、飢餓に喘ぎつつ独立を求める発展途上国の人民から見ると、恐慌の影響を受けない、生産力が発展しつつあるソビエト連邦の姿は、理想の体制と見えたのです。

確かに中央指令型の社会主義は、生産力の低い段階では、少ない資本と人材を中央機関に集中して急速に経済を発展させました。所得水準の低い段階から、完全雇用や社会保障を達成させることに、成功したのです。中央指令型計画経済制度は、画一的大量生産の重化学工業中心の産業構造には適合していた面があります。一点集中型の巨大な自然改造・宇宙開発というプロジェクトは、強い国家権力の支持のもとで成功しました。すべての生産手段や主要な生活手段を国有化し、労働者は国家に雇用されるものとし、農村は集団化する、こういうソ連型社会主義が社会主義の本流となり、東欧や中国、ベトナムに広がったのです。

マルクス主義経済学は、戦前における社会主義の成長を背景にして、強い影響力で学界の中でも発展するようになります。特に、影響を与えたのは、ソビエトを代表する経済学者のヴァルガが、世界恐慌を予言したこと、恐慌の影響の少ないソビエトの計画経済の優位性が主張され、それが資本主義の批判的経済学者の中に強く意識されました。彼らは、資本主義は全般的危機に陥ったと考えたのです。そして独占体と国家が癒着して、国家独占資本主義が成立した。国家独占資本主義は寄生性と腐敗性を持っていて、社会主義への移行は必然であるという理論が生まれ、それがマルクス主義の資本主義理解の根幹に据えられました。

しかし、この国家独占資本主義論は、一九八一年の私の著作『現代主義と国家』(岩波書店)に書きましたように、一つのドグマであったと思っています。それは、国家と独占体が癒着をしているという認識です。日本の今の政官財癒着、金融救済で護送船団方式だと言われるものを見ますと、まさに国家独占資本主義ではないかといわれるかもしれません。その点では言いえて妙ですが、国家独占資本主義は「全般的危機論」の中で主張されていました。

全般的危機論は、資本主義は瀕死の重症であるという考え方です。ちょうど人間にたとえれば、晩年にさしかかり、生産力の新しい発展はありえないという認識が全般的危機論の中にあり、それが資本主義の寄生性の概念になって出てくるわけです。しかし、必ずしも資本主義は生産力の発展を止めたわけではなく、一九六〇年代に入ると、かつてない黄金の時代を迎え、資本主義歴史上最も高い成長率を遂げました。全般的危機論の認識そのものが、誤っていたのです。

もう一つは、国際性という問題です。国家独占資本主義は一つの国民国家というものを前提に作り上げた理論です。実際には、資本主義の国際性はその後、発展していくわけで、経済のグローバリゼーションが進行していきます。そういう意味では、全般的危機論のもとに構成されている国家独占資本主義論は、国家と独占体が癒着するという側面については、一つの新しい概念を出していたかもしれませんが、その本質は社会主義への移行を意識して生産力の発展はとまり、資本主義は終わりに近づいたという革命論と結びつき、そこで経済学の誤った方法論を生みだしました。

『現代資本主義と国家』の中で「国家独占資本主義という言葉を使わない方がいい」と書きました。現代を後期資本主義という人がいます。うまい言葉がないのですが、国家が介入する段階での資本主義、自由資本主義ではない、国家が介入する段階での資本主義として、「現代資本主義」という言葉を使おうと提案しました。

理論的な欠陥以上に大きな打撃がマルクス主義経済学に訪れたのは、ソ連等の社会主義体制の崩壊でありました。私は社会主義の研究者ではないので、それについて理論的に整理したことを言う専門家ではありませんが、環境問題のために一九六七年から何回か社会主義国を訪れ、社会主義の公害問題を調査・研究する機会がありました。とりわけ、チェコとポーランドに何回も行きました。現場の工場を見るのは難しかったのですが、社会主義が持っている社会問題の現実を見たわけです。現実を見ると、実に多くの問題点が社会主義の中にあることがわかりました。

どこに問題があるか。結論的なことを申しますと、第一に、すべての生産手段や主要な生活手段を国有化した生産関係に問題があったと思っています。マルクス主義の考え方によれば生産手段が私有化されていると、それによって資本家による労働の搾取がおこり、生産力の発展が私的なものになり、労働の疎外がおこり、やがて生産力も衰えていき、次の社会は「生産手段の社会化」へすすむとしていました。ソビエト連邦の場合はこの社会化が「国有化」になっているのです。国有化は国家権力を、前衛党である共産党が独裁しているのですから、共産党が政治だけではなく、事実上企業の経営の主体にもなる。まさに政治と経済が癒着します。政官財癒着の最も極端な形は、中央指令型の社会主義体制ではなかったかと思います。政治と経済がチェックしあい、バランスしてイノベーションするような働きがなくなってしまう。そこでは経営は官僚主義的となり非効率となるのです。

ソ連邦の生産関係に基本的な問題がある。特に、産業構造が多様化してくると、全国有化体制に大きな問題が出てきます。現代では情報産業、ハイテク産業、そしてサービス産業が発展してくる。重化学工業中心であった間は国有化産業で運営することは可能であっても、この産業構造の変化に対応できないことが、はっきり現れてきたのではないかと思うのです。

第二は、軍事体制です。冷戦のもとで軍事費の比重が大きくなったことが、経済発展を止める大きな要因になったと思います。

第三は、所得水準が上がり、教育水準が上がって文化水準が高くなった国民が民主主義、自由、文化の上でも多様性を求めたが、ソビエト連邦の場合、これに対応できる仕組みが政治や文化の中になかったことです。一党支配の持っている限界が出てきた。ソ連、東欧の崩壊は一つの文化革命、民主主義革命と言われるように、そういう要求が爆発的な形で起こったのだろうと思います。

三つの要因が重なりあって、中央指令型の社会主義体制が崩壊しました。そのことはマルクス主義経済学にも影響を与え、日本では、マルクス主義経済学の権威はなくなってしまう。マルクス主義は古いという話になって、研究者の間でもマルクス主義経済学を放棄してしまう状況が今、起こっているのではないかと思います。

しかし私は、マルクス主義とソビエトの作った中央指令型の社会主義はイコールではない、違った面があると思います。そのことをもう少し検討する必要が、社会主義経済学者にはあるのではないか。「マルクスが考えた社会主義は中央指令型の社会主義だったのか」という検討が残っているのではないかと思っているのです。

もう一つ、今の日本の状況を見ても、バブル以降における長期の不況、その中におけるリストラ、企業の合併、その後の金融救済の動きを見ますと、このような経済危機はマルクス主義の経済学の理論で明快に説明できるのです。

マルクス主義の経済学の中には、資本主義の弊害を分析する道具が揃っています。資本主義の弊害がある限り、マルクス主義経済学、マルクス主義の思想は生き残るものであり、そう簡単に歴史の古い証文として捨ててしまっていいとは思わないわけです。西欧社会では簡単に過去の思想を捨てていくことはないのですが、日本人は流行に追われて、マルクス主義の考え方を捨てているのは問題だと思います。

戦後、飢餓と貧困の中にあって、アメリカ占領軍の強い支配を受ける中で、一体、日本の社会をどうしたらいいかと考えた時、学生はマルクス主義の影響を強く受けました。私たちの世代はそういう世代でした。当時、東京大学、京都大学の教育の主力はマルクス主義経済学でした。

たまたま私が入った名古屋大学は変わっていまして、非マルクス経済学者ばかりでした。最初のゼミは塩野谷九十九《しおのやつくも》さんという塩野谷祐一のお父さんで、ケインズの一般理論を最初に翻訳された方です。私は最初の一年のゼミで塩野谷さんの指導をうけたのですが、ケインズ経済学は古典派経済学に比べると面白くなくなって、水田洋さんの社会思想史のゼミに入り直し、アダム・スミスの『国富論』をキャナン版で読むということで経済学の出発をし直しました。その時の学部長は酒井正兵衛《しょうべえ》先生で、有名な自由主義のハイエクの理論家です。今、ハイエク大流行ですが、酒井先生は経済政策論で一貫してハイエクの講義をおこない、「計画経済なんてありえない。市場制度の合理性しかないのだ」という講義を徹底的に聴かされました。

今から思うと、私にとっては経済学のいろんな分野に目を向けるきっかけになったのですが、当時は「この大学はなぜマルクス主義を教えないのだろう」とマルクス経済学を勉強したくてウズウズしていたわけです。当時の大学の中では名古屋大学というのは変わっていて、多くの大学の経済原論はほとんどマルクス経済学で埋まっていた時期でした。

四高の時代からマルクス経済学の洗礼を受け、マルクスについては勉強をしましたが、古典を解釈するだけというのは嫌いでした。『資本論』の解釈学では日本は世界最高で、個々の理論がどこの何ページに書いていることを知っている訓詁学の学者はいます。しかし本来、マルクスの真髄は資本主義分析であり、資本主義批判であったと思います。

私は理論と現実が合わなくなったら現実の方をとるという考え方でここまで来ました。マルクスの理論をよく読んでみると、資本主義、特に産業資本主義の分析、独占段階にいくところまでは極めて科学的だと思いますが、社会主義については科学的とは言えないのではないかと思います。マルクスの親友であったエンゲルスは『空想から科学へ』を書いて、フーリエやオーエンは空想的社会主義でマルクス主義は科学的社会主義であるとしました。しかし社会主義はどういうものか、マルクスもよくわからなかったに違いない。資本主義の先にあり、資本主義のいくつかの弊害を乗り越える一つの体制として社会主義を考えていたが、体系的にどういう社会主義が安定的な一つの装置として成り立ちうるかまでは、わかっていなかったというのが正しいのではないかと思います。

とりわけ、現在の段階で考えてみますと、マルクスの理論の中では民主主義と自由がいかに経済に影響を与えるか、経済を修正していくのかという相互作用について、明確な理論が作れていなかったのではないかと思います。

原理主義的マルクス主義者は、唯物史観で、すべて生産力と生産関係の相互関係で社会の発展を描きます。それを「基底還元主義」と言います。すべての現象を資本主義的生産関係に還元して考える。しかし必ずしも基底に還元して問題が解けるわけではない。資本主義の弊害を是正する社会運動があり、社会運動の結果として、憲法や法制度が生まれてくる。それが資本主義的な弊害を是正する役割を果たす。その相互作用を見抜かないと、現実はわからないのではないかと思っています。

法制度と社会運動や世論はゴムまりの皮と中の空気のような関係で、制度がなければ政策は進みませんが、社会運動や世論がなければゴムまりにならない。ゴムまりはぺしゃんこになってしまう。いい機構があり、いい法律があっても現実化しない。確かにマルクスが言うように、資本主義社会では、体制的基底が働いていることは間違いないのですが、政治やイデオロギーとの相互関係を抜きにして理論を構成したことについて、問題が残ってしまったのではないかと思います。

マルクス主義経済学と並んで、この世紀の前半、大きな影響力を与えたのはケインズ経済学です。一九二九年、恐慌がこれまでの資本主義の自由な発展に疑問を投げかけました。特に、アメリカが深刻な影響を受け、恐慌が終わって一定期間たっても賃金率は下がる。安い賃金であれば、通常は労働者を雇おうかなと企業が考えるはずですが、当時は賃金率が下がって同時に雇用率も下がっていく。投資も起こらない。その結果、長期にわたる大恐慌が続く。自由資本主義を標榜しているアメリカも国家の介入をせざるをえなくなり、ルーズベルトによるニューディールの政策を生み出すに至るのです。そういう社会的な背景もあり、ケインズの理論は大きな影響力を持って資本主義国に登場しました。

ケインズ革命と言われるように、それまでのスミス以来の古典派の考え方を引っくり返しました。ケインズによれば、二〇世紀の資本主義は民間資本の利潤率が低下してきて投資をする動機を低めている。イギリスの資本は利子を求めて海外投資をして、国内で生産のための投資をしない。しかもイギリスの場合、消費性向は一定して消費を拡大する動機が働かず、消費需要は伸びない。投資効率が低落する中で投資需要が不足する。ケインズは、所得は消費需要と投資需要から成り立っているという恒等式を作り、所得が上がらなければ雇用も増えない。雇用と所得の間には相関関係がある。どうしたら所得を上げうるか。別な有効需要が必要なので、そこで彼は財政の支出を加えようとした。財政の支出の基礎は税金である。しかし、税金と財政の支出がイコールなら所得も増えない。そこで彼は税金のとり方を変えよう。消費をしないで貯蓄をしている金持ちから税金をとって所得を再分配すれば、財政支出は可能になって所得が増える。投資の意欲がなくなって貯蓄が余っているので、赤字公債を発行して貯蓄で公債を買わせれば、財政支出はそれで賄いうる。その結果、有効需要が増えるという極めて解りやすい、しかし現実的な提案をしたのです。

ケインズは自らの理論を「一般理論」と言うように、有効需要の過不足によって財政支出を動かそうと考えました。恐慌で有効需要がふえなくなっていく時に、赤字公債や貯蓄課税をやって財政支出を増やすことで経済を活性化させるという考え方は、ニューディールの説明にもなりました。一九三〇年代の当時、日本も高橋是清蔵相の手で時局匡救《きょうきゅう》事業と言って、一年分の地方財政にあたるような莫大な財政投資を農村中心につぎ込んで恐慌を回復したのです。まさにケインズのフィスカル・ポリシーを高橋はおこなったのです。

同じ頃に、ビバリッジの福祉国家論が出てきます。ゆりかごから墓場まで、国民のナショナルミニマムを国家は保障しなければならないという福祉国家論が出てきて、それとケインズの完全雇用政策が結びつき、財政が全面的に介入した福祉国家が資本主義国を席巻するようになります。

一九六〇年代、ケネディー、ジョンソンの民主党政府がケインズ理論を採用しました。この結果、戦後の資本主義国に共通の理念と制度として、ケインズ理論による福祉国家が行き渡るようになったのです。こうしてケインズ経済学が、一九五〇〜七〇年代半ばにかけて大きな影響力を持つようになり、マルクス経済学の国家独占資本主義論への批判がどんどん出てくる。その中で、日本の経済学は、しだいにケインズ経済学を主流とするように変わっていきます。

ところが、一九六〇年代終わりからアメリカの経済がおかしくなり始めました。六〇年代の黄金の資本主義が終わり始めたのです。特に、ベトナム戦争による戦費がアメリカに大きくのしかかってきた。当時の為替は交換比率が固定化をしていましたので、日本やドイツは急激な経済の発展が可能になった。一ドル三六〇円ですから、生産力が上がると固定した為替レートは輸出国日本にとって、高度成長に有利な条件になったのです。為替が安いと輸入する物資は高くなりますが、重要なエネルギー源の石油が一バーレル二ドルという、水より安いと言われた時です。一次産品が安かったこともあり、日本の経済は安い為替レートで急激に成長していきます。ドイツと日本の追撃を受けて、アメリカはしだいに貿易赤字になる。一九七一年にニクソンショックが起こります。それまでは、アメリカの連邦銀行に行くとドルを金に換えてくれたが、それを停止した。ドルは紙切れになった。自由資本主義の要であった金本位制度は、完全に消滅するのです。慢性的なインフレが生じます。

一九七三年、石油ショックが起こります。発展途上国が一次産品の値段を高くして経済を発展させようとした戦略で、国連で多数を占め始めた発展途上国が、経済の面でも新しい新国際秩序を作ろうとした。その結果、世界不況が始まります。しかし不況になっても物価は下がらない。

経済学が直面した最初の問題です。

普通は不況になれば価格は下がって投資の動機が起こり、景気が回復する。ところが不況になっても価格が下がらない。「スタグフレーション」といって、スタグフレーション（沈滞）とインフレが同時期に起こったのです。このため、これまでのケインズ政策ではうまくいかなくなる。財政は赤字を増大させ、その結果、七〇年代終わりにケインズ理論に対する厳しい批判が登場します。

ケインズに対してマネタリズムは一貫して批判していたのですが、スタグフレーションの中で国家の財政が行き詰まり、経済が発展しなくなる。イギリスではイギリス病と言われて生産力が上がらない。ケインズ経済学に対する批判がすすみ、ケインズの有効需要理論に対立する供給の経済学など、種々の学派が登場してきます。

たとえば、政府の失敗を掲げた「公共選択論」が、真っ向からケインズ経済学を批判します。公共選択論は個人の自由な効用追求行為を前提にする、アトミニズムと言いますが、個人が自由に最大限の効用を求めて動いているという仮定に立って理論を組む。それを財政機構にも当てはめようとした理論です。市場理論の中で自由競争を前提にして市場の均衡を考える。公共部門である財政機構の中にも、個人が自分の最大限の効用を求めて動いている。

その場合に公共選択はどうなるか。どういう選択を政府や市民が選択するか。どういう財政機構を選択するかを理論化したのです。政府が非効率な経済活動をしている。その選択をしていることを政府の失敗と言っています。

政府の失敗が発生する理由を三つ挙げています。一つは圧力団体が存在し、圧力団体の利益のために社会的効率が落ちる。第二はレントシンキングで、それぞれの個人が財政について利益を追求する。第三は官僚機構が非効率である。

ブキャナンというノーベル賞をもらった人とワグナーとが『民主主義の赤字』という本を出しました。民主主義政治のもとでは、各人が自分にとって効用が大きいものは何かを追求する。政治家が同じ行為をするとどうなるか。たとえば介護をしてほしいという場合、増税をするか、あるいは増税をしないで赤字公債で介護をするかという選択を例にとる。増税すると市民の負担になる。赤字公債ならば、負担にならないで未来に負担を先送りすることができる。民主主義のもとでは、市民も政治家も現在の負担の軽い赤字公債を選択してしまう。こうして財政赤字を増やしていく。

赤字公債で財政支出をすれば、国民にとって安く公共財が提供されるので、重要な資源が民間にまわらず、公共にまわってしまう。本来ならば民間財を生産すべき資源が、社会保障にまわって生産が停滞し、インフレが起こる。このように民主主義の赤字の理論を掲げたわけです。

ケインズは、好況期には財政支出を縮小しようと考えていた。しかし、ケインズの考えたように財政は伸縮自在なのか。そうではない。一旦、道路局を作り、道路建設が始まると、道路を作るための官僚機構ができる。景気がよくなっているから道路を作るのを止めろといっても止めない。一旦できあがった官僚機構はそれ自体の動機を持ち、予算と人員を増やすのが官僚の手柄ですから、ケインズが考えた伸縮自在、好況期には財政支出を減らし、不況期には増やすということは非現実的なことです。

「経済は中立でなければいけない」というのが、公共選択論から出てくる考え方です。アダム・スミスに戻って財政は均衡しなければならない。経済に対して中立でないといけないという考え方が、復活してきたわけです。官僚機構には独自の論理があるから、一旦作ったものは減らせない。日本でも高橋是清が、恐慌対策のために財政投資をし、恐慌が終わって軍事費を削りたいと思ったけれども、軍隊の官僚機構はそれ自体大きくなっていて軍事費節約は通らない。最後は二・二六事件で殺されます。人びとにとって、自分が負担するより後代に負担を延ばして赤字公債で賄えばいいという論理が働き、財政が破綻した。こうしてケインズ理論に代わって「完全均衡主義」を憲法に盛り込む考え方が、公共選択論として主張されるようになりました。

思想史的にみて興味があるのは、ケインズの考え方は賢人主義だと言われたことです。経済政策は議会で民主的な討論をして決めるわけだから、必ずしもケインズの理論から見て正しい選択が行われるとは限らない。ケインズの考え方はワイズマン主義だと批判が出てきた。政策過程論や参加論から言うと、たしかに、賢人主義はケインズの限界を示しています。二〇世紀前半の経済学がレーニンの前衛党主義、ケインズの賢人主義と、今日から見ると共通した問題点があったのではないかと感ずるのです。

ケインズに対する反対論が出てきて、政府部門を小さくする論理が出てきます。「民営化」「規制緩和」「小さな政府」「社会サービスの削減」「所得再分配」のための累進税制を止め「消費税」のような平均的な課税制に移行する。「分権化」を進めるという「新自由主義」が登場してきます。各国によって違いますが、七〇年代末~九〇年代前半にかけて新自由主義的改革が進行していきます。

政府の欠陥論は、中央指令型の社会主義や中央集権的な福祉国家の批判としては当たっていたわけですが、しかし、この新自由主義の理論の背景にあるのは、多国籍企業が世界的に支配を進めるための貿易・投資の自由化、グローバルな市場制度の発展、新しい市場としての教育、医療、情報という社会サービスの中に企業が入り込んでいきたいという要求が相まって出てきた理論です。それによって、資本主義の活性化を進めたいということで始まったのです。新自由主義の改革の先頭を走ったのが、サッチャー、レーガン、中曽根の三人の政治家です。この三つの政権が新自由主義の路線を歩んだのです。

しかし、これには大きな問題点がありました。新自由主義的な潮流は改めて資本主義の持っている弊害、市場制度の欠陥を露呈することになっていきました。規制の緩和によって国際的には地球環境の危機、南北問題を深化することになった。

しかも重要なことは、公共部門の比重の変化を見ますと、実に驚くべきことに気がつきます。七〇年代終わりから九〇年代前半にかけて、民営化、小さな政府への移行が厳しく言われ、改革が行われたはずですが、国内総支出にしめる公共部門の割合は減っていない。激減するはずが、増えているところも多い。イギリスでは思い切った政策をとったはずなのに、それほど変わっていない。これが重要なことだと思います。

現実というのは理論よりも重要です。削ろうと思って改革をやっても、生産や生活の社会化は進んでいきます。今まで家庭で保育や老人介護をしていたのが、家庭を離れて社会的に保育・介護をする。生産もこれまで企業の中だけでやっていたのが、大学・研究所・社会的な活動をしている部門の研究があり、それによって企業の生産が支えられる。生産や生活の社会化はどんどん進んでいく。都市化が進むと上下水道、エネルギー、交通などライフラインがないと市民は生きていけない。阪神大震災の時、社会的な基盤がないと日常の生活ができないことが明らかになりました。生産や生活の社会化の中で、社会サービス部門、公的部門が多くなっていかざるをえない。削っても要求が出てくる。ヨーロッパにおいて最近、社会民主主義政権が支配的になり、新自由主義への批判と修正が始まっています。

私は、マネタリストのように現代の経済は市場制度にすべて委ねるべきだというのは、ナンセンスだと思っています。同時にソ連型社会主義のように国有産業に一元化するのも、間違いだというのは経験でわかっています。では、どんな見通しがあるか。「公私混合経済」が、しばらく続くだろうと考えています。公私両部門の経済が共存しながら進んでいくだろう。そこではそれぞれ規範が必要になるわけで、規範を崩すと弊害が出てくる。公共と民間部門の規範がある。それを考えなければならないと思っています。

公私が混合する場合、今のまま行くのかどうか。現在の状況を見ますと、公共部門と民間部門の間にある混合財部門が増えてくるのが、現代の資本主義の姿ではないか。生産や生活の社会化が進むと、保育・介護などの部門が個人の手を離れて社会に移っていきます。しかし必ずしも全部、公共部門で賄うことは財政的にできないだけでなく、財やサービスの性質によっては、民間が受け持った方が効率的でうまくやれる部門があるのです。公共もやれば民間もやるのが増えてくるのが、今後の姿だと思います。

大学は典型です。国公立大学、私立大学がある。混合財の部門は公共性がありますから、公共性を崩してしまうと大変なことになる。儲け本位で、民間的な経営をやっていいとは言えない。

これを解決するための一つの方法として、私は「小さな政府、大きな自治体」と言っています。増えてくる部門は中央政府にはやらせない方がいい。この場合の大きな自治体というのは、すべてを自治体でやるということではない。地方の官僚機構を大きくするだけでは政府の弊害が出てくる。自治体を核にしながらＮＧＯ、ＮＰＯ、ボランティア組織、協同組合部門などがパートナーシップを自治体と結んで、増えてくる混合財部門を賄っていくことが必要ではないか。

しかし、これについて、経済学はまったく回答を出せていません。経験的にどういう所有形態がいいのか、経営形態がいいのか問われています。新しい経済学のフロンティアがあると思っています。「第三の経済部門」「協同部門」と言っていいと思いますが、所有の形態でいえば、入会権のようなものも考えてよいと思います。所有は協同だが、個人が利用権を持っているような形態が協同部門の中で考えうるのではないか。これからの混合経済が国民のニーズに適合する形で進んでいくなら、第三の経済部門が必要なものになってくるのではないかと思います。

マルクス主義とケインズ主義の理論から学び、かつ乗り越えるとなりますと、資本主義の弊害、特に、資本主義的市場制度の弊害と政府の欠陥の双方を乗り越えるものでなければならないということが、第一の課題の結論であります。

環境と経済学

第二の課題、環境問題にはいります。

グローバリゼーションについて一言で言いますと、今の経済のグローバリゼーションは、アメリカナイゼーションです。確かに規制緩和をしてグローバリゼーションの中で、国民国家による規制をなくそうということが全世界的に進んでいます。しかし、国民国家に代わって民間企業の規制が国際的になっていることに、注目しなければなりません。国際会計基準が一九七三年にできましたが、これがグローバル・スタンダードとして日本を席巻しています。

民間の規準で格付けをしていく。格付けをやっているのはアメリカの二つの会社です。それが国民国家に代わって資本を規制している。環境政策もそうです。ＩＳＯ一四〇〇〇シリーズで企業の自主管理に任せ、その標準を認定するのは民間です。本来なら、環境庁や自治体がやらないといけないものを民間がおこなっている。規制緩和と言いながら、規制の主体が公共から民間に代わっている。これがいいのかどうか、「公共性」という点で今後問われてくると思います。

グローバリゼーションのあり方を、経済だけで考えると限界があり、まちがった認識になります。同時に他のグローバリゼーションが進んでいることを、見ていかないといけない。環境問題のグローバリゼーションは、すごい勢いで進んでいる。文明のグローバリゼーションも進んでいる。もっと多面的に見ていかないと、経済のグローバリゼーションだけで考えると、これからの問題はわからないだろうと思います。

私は一九六一年、地域開発を調べようと思って四日市に行きました。四日市は、日本最初で東洋最大の石油コンビナートを建設中でした。そこで大きな衝撃を受けました。公害問題にぶつかったからです。なぜ衝撃を受けたか。最新鋭の技術を駆使して地域開発を行っている地域で、八〇〇人を超えるぜんそく患者が出ている。四日市港は臭くて魚がとれない。病院に見舞いに行きました。そこで病人をみて、いったいこういう地域開発はありうるのか。地域の安全、健康を前提にした経済開発でなければいけないのに、現実は反対です。しかし、この時の衝撃はそのような感情的な衝撃だけではなかったことが、今日まで環境問題に付き合うきっかけになったのです。

それは理論的な問題でした。調べてみると、公害の患者は一五歳以下の子どもか六〇歳以上の高齢者が大部分です。この人たちは営業過程に従事していないので、所得を生まない。GNPと関係がない。企業に雇われているわけではないから、病気で苦しんでいても、企業にとっては生産力が下がるわけでもない。反対なのです。その人たちが病院に行くから、医療産業の所得は上がっている。薬を飲むから、医薬産業の所得は上がるわけです。GNPで計ると、公害問題はマイナスではなく、プラスになって現れてくる。

昔の美しい四日市の白砂青松の海岸を知っていました。その海を埋め立てて、第二コンビナートができました。美しい自然を失ったのですから、経済損失としてはマイナスと考えるべきですが、自然はタダですから海岸を埋め立て、海がなくなっても国富の上では何も変化がない。逆に埋め立てた地域が平方メートルあたり二万円で売れるとなると、何億という国富が増える。工場用地ができたことで所得、国富が増える。これはおかしいというのが僕の受けた衝撃です。

今までの経済学は何をしていたのだろう。開発の結果、実際に起こった極めて重大なマイナスについて評価できない。逆にプラスに評価をする。これはどこかが欠けている。社会的損失や社会的使用価値の問題を経済学の体系の中に入れておかないと、成長は間違いをしでかすのではないか。成長を通じて取り返しのつかない損害を重ねていく可能性があると思ったことから、公害問題論に入り込むことになりました。

一九六二年、『世界』に「しのびよる公害」を書きました。社会科学者が書いた公害論の最初のものでした。岩波書店の編集者田村義也さんが新書を書いてくれとたのんできました。『社会資本論』を書いていたので、後一、二年かかるからと断ったのですが、「あれだけ公害を告発したのに引っ込むのはおかしい」と言われて、とりくむことになりました。当時、公害の経済学についての文献はありませんでした。国外にもほとんどありません。唯一あったのは、カップの『私的企業の社会的費用』です。かなりそろってあるのは公衆衛生や工学の文献なので、その分野の人たちに入ってもらおう、学際的にやらないといけないと考えて、鈴木武夫さん（当時の公衆衛生院長）に相談に行くと、「世界的な大気汚染の研究者を紹介しましょう。それは庄司光先生です」と。

庄司さんは京都大学工学部教授でした。自治研でいっしょに助言者をやっていたのですが、ヤクザの親分みたいな感じの人で、世界的に偉い人だと信じられなかったのです。文献を見せてもらうと、すごい学者です。田村さんに「庄司さんがやるならやってもいい」と言いました。田村さんが「公害について宮本といっしょに本を書いてくれ」と庄司さんに言うと、第一声が「宮本は飲めるか？」と聞いたそうです。驚きましてね。「どういう研究をしている人か？」と聞くならわかりますが、これは大変なことになったと。

後に愛弟子である山本剛夫《たけお》先生に聞くと「お酒で何回か先生に殺されそうになった」そうです。遂に殺されることになるのかと……、とにかく、すごい先生でした。一高を出て、東京大学医学部に入ったのですが、新人会の運動をやっているうちに東大医学部を中退して、京都大学理学部に来て物理学をやり、それから衛生工学に変わり、工学部の教授になったという学際的な方です。自然科学を網羅した方です。

公害問題の難しさは自然科学、あるいは社会科学だけではだめなのです。ウィーナーが言ったような共同研究をしなければならない。しかし共同研究は難しい。リレー式研究ならかんたんです。ここまでは経済学者が走りなさい。ここから先は法学者。ここから先は工学者がやるという共同研究はある。リレー研究は本当の共同研究ではない。共同研究は自分の役割だけで済まない、バスケットかサッカーのように、全体を見ながら共同する。どっちもわかっていないといけない。

先にも触れたように、一九六四年に出した岩波新書『恐るべき公害』は五〇万部売れました。公害の古典と言われましたが、もし成功したといわれるならば、庄司先生が社会科学に非常に堪能だったこと、経済学に関心が深かったことが第一の条件でしょうね。彼はその点では社会科学の勉強をよくしていました。僕に「それは『資本論』の何ページに書いてあったんだ」と質問する。「専門だから心配しなくていい。庄司さんが読んだのは高畠訳で昔の不完全な翻訳だろう。私は原書で読んでいるから心配しなくていいです」「そうかね」というような会話がかわされるほどです。

「そうかね」だけで済まない侮辱を何回か受けたのですが。僕は旧制高校が理乙（いまの医学部進学課程）で、友人が医者になっている。公衆衛生の教科書的なもの、公害の文献でもその程度は理解できる。庄司先生はそれで信用して「お前も少しは理科的だな」と、ひどい評価ですが、そういうキャッチボールをしながら、いっしょにやりました。

『恐るべき公害』を書いて、経済学の中でやらなければならない仕事が次つぎにわかるようになってきました。今まで環境とか公害は、経済学では「外部性」として経済の外側においていたのです。「社会的費用論」をピグーが書いているのですが、それは偶然的なものとして社会的費用を考えているだけで、公害が規則的に日常的に社会に迷惑を与え、第三者が負担をし、公共部門がお金を出さないといけないような社会的費用が偶然でなく日常的にあるということは、当時は十分にわかっていなかった。

しかし、社会的費用を入れないと、本当の経済発展や地域開発の効果の測定はありえない。四日市からはじまって当時の地域開発の分析をしたのですが、残念ながらその後も日本の地域開発は変わりません。

今、むつ小川原で公共部門に大変な借金が出ています。はじめは石油コンビナートの開発と言っていたのが、今は核廃棄物の墓場になっている。ああいうことが繰り返し起こってくるのは、社会的費用の経済学を政策論にすることがなかったからです。

「外部性」を総点検してみると、外部性と言われているものが実は外部ではない。経済はそれをすべていれて「総体」として体系を考えないといけないと気づきました。私の経済学は「容器の経済学」と言っています。水は資本主義であったり、社会主義であったりするが、この容器の中で経済循環をしている。資本主義はこのコップがなければ成立しない。容器はこの中の経済に規定される面もある。容器によっても中身が規定される。経済は容器も入れて、全体として見るのが正しい見方です。

今まで新古典派にしてもマルクス経済学でも、資本論だったり、市場論であったり、中身だけを扱ってきた。それでは限界があると考えて、「社会資本」が私の研究のスタートでした。生産基盤としての道路、港湾、空港、生活基盤としての住宅、公共福祉施設、教育施設があり、その中で実は国民の生産と生活が行われている。

一人当り国民所得は三万ドルを越えて世界最高にちかい。だけど日本の国民は、必ずしも豊かになったと思っていない。それはなぜか。住宅という容器が貧困であり、環境が汚い、景観が悪いというように社会資本が不十分であったり、自然が荒廃していたりして、生活の豊かさがない。

生活の豊かさは単に所得が多いだけではない。生活の質が問題になるのは、容器との関係です。容器に欠陥がある場合に「社会的費用」が生まれる。環境破壊・公害あるいは社会的共同消費の不足による都市問題がそれです。

容器で難しいのは、資本主義を包んでいるコップは必ずしも資本主義社会になってできたものではない。道路は資本主義体制以前も、異なる体制でも存在する。こういうのを歴史貫通的と言っています。こういう問題を扱う場合、資本主義の価値論だけではだめです。素材から見ないといけない。『社会資本論』の中で「素材（質料）から体制（価値）へ」という方法論を使いました。これまでのマルクス経済学の場合、社会資本という資本論を書くとき、価値論から入る。ところが、それでは解けない。

社会資本は、資本主義経済とは相対的に違った動き方をする。相対的に違っているから資本主義にも影響を与える。そういう意味で、社会資本の研究は、素材、別な表現では質料から始めて体制へという方法論をとったわけです。そういう方法論をとる時、命がけの飛躍がありました。『社会資本論』は一九六七年に出版しました。六五年の段階で、ほとんどできていたのです。しかし、多分、これを出したら世のマルクス経済学者から異端・修正主義だと叩かれるだろう。彼らが「しまった、これまでの理論に欠陥があった、そうか、納得できる」という理論体系を組みたいと、二年近く、まったく一字も書けない日が続きました。幸い『経済学批判要綱』というマルクスが書き残したものがあった。日本のマルクス経済学者は「原典でこんなことが書いてあった」と言うと平伏してくれますが、宮本が言ったというだけではだめなのです。

『経済学批判要綱』はマルクスが『資本論』を書くためのノートですが、その中に道路の問題が書いてありました。すばらしい論文ですが、エンゲルスはこの部分を削除して『資本論』第二巻に入れなかった。マルクスも道路のようなものを『資本論』の中でどう取り扱っていいか迷っていたことは確かです。行きつ戻りつして、うまい結論が出ていない。しかし、そこを読むと、ヒントが出てきた。原理主義的マルクス主義者を屈伏させるにはいい材料ができたわけで、それを軸にしながら、オリジナルな社会資本論を作ったわけです。

最初、猛烈に原理主義者から叩かれましたが、四、五年のうちに多くの人が納得してくれました。宇沢弘文《うざわひろふみ》さんが僕の『社会資本論』を評価してくれた。彼は制度学派です。新古典派のトップにあった人が制度学派に変わったのですが、『社会資本論』を日本人のオリジナルな経済学文献の一つだと評価してくれたので、私としては満足しています。

彼はそれを環境にも適用させようと考えて、社会共通資本という概念を作った。僕が宇沢さんと違うのは、自然は別にしておいた方がいいと考えているのですが、それ以外の都市や社会資本について、また社会的費用については宇沢さんの理論とよく似ているものが多いと思います。

こうして私は伝統的経済学の「外部性」を「内部化」する仕事をしてきました。「社会資本」「都市」「国家」「環境」の原論を書きました。最後の原論が一九八九年の『環境経済学』(岩波書店)で、ここに私の考えが集約されています。

環境問題をやって重要なことに気づいたのは、環境問題の社会的な特徴が三つある。一つは、公害問題に端的にあらわれていますが、被害が「生物的な弱者」に集中することです。子ども、高齢者。主婦もそうです。大気汚染患者の生産年齢人口は、女性が多くなる。社会的行動様式があるわけで、ある地域が汚染されると、そこに二四時間いる人が被害にあう。男子勤労者より主婦に患者が多い。とくに生物的弱者に集中する。市場原理で救済できないから、社会的救済・公的救済をしないといけない。彼らは所得を上げているわけではない、税金を払っているわけでもない。GNPの経済学では無視される、企業活動では無視される存在です。

第二番目は、「社会的な弱者」であること。災害と似ていますが、公害汚染地域は低所得者の地域です。アメリカでも調べると同じです。アメリカの居住地域には民族的差別があり、大気汚染地域は黒人などの少数民族が多い。社会的な弱者が被害者です。イギリスの経済学者ミシャンは「費用便益分析論」などを書いている人ですが、彼も同様のことを言っています。イギリスでは高速道路が建設されると、被害を受けるのは下層階級か、中流下層階級である。彼は所有権と並んでアメニティ権を確立することが必要だといっています。低所得者ほど基本的人権が侵されやすい。公害は貧困の問題だと考えています。新しい貧困の問題です。

第三番目は、「絶対的損失」が生ずる。不可逆的損失です。これは経済学にとっては衝撃的なことです。経済学には補償の原理があって、経済活動によって差別が起こった場合、補償すればばい。ところが、補償ができないものがある。被害者は健康を害し、死亡する。二度と復旧できない自然破壊が起こる。古文化財が破壊される。これらは不可逆的で絶対的な損失です。経済活動の中でこれまでその対策を十分に考えられなかったことです。絶対的損失という概念を入れると、当然政策は変わらざるをえない。環境政策では予防が重視される。環境アセスメントや事前評価が重要で必須の仕事なのは、絶対的損失が起こってしまうと、後からいくら補償してもだめだからなのです。

サスティナブル・ソサイエティの経済学を

こういう問題をどう経済学の中で考えていくかが、環境問題の研究の過程で生じました。私が公害問題を手がけたのは六〇年代からですが、一九六三年に都留重人先生が呼びかけて公害研究委員会を作った。七人のメンバーで出発しました。その時、七人くらいしか公害に関心を持っている人がいなかった。今、環境経済・政策学会は一一〇〇人を越えて毎年五〇人ずつ入ってきます。

しかし六〇年代初頭、公害問題に関心をもつ社会科学者は少なく、一般にこれをどうやって伝達するか。どうやって研究の対象に関心を持たせるかに追われました。

今は心強い限りですが、その代わりに環境問題が多元化し、地域から地球まで、健康障害を中心とする公害問題から町並み保全、景観、生活の質というアメニティの問題、そして自然保全へと広がっています。

そこで今まで通りの公害論の方法ではうまくいかない問題が出てきました。とりわけ今直面しているのは、グローバリゼーションの問題だと思います。経済学にとっても、グローバリゼーションは新しい課題です。グローバリゼーションによって、地球規模で環境問題が起こっています。温暖化問題、フロンガス、熱帯雨林、砂漠化の問題。深刻なのは水です。正常な水を供給できない地域が地球の三分の二も存在するという大危機が起こっている。そういう問題が出てきているわけです。

そのために「sustainable development」が一九八七年段階で国連賢人会議で提唱されました。九二年、リオ会議で人類の共通の課題になりました。

この会議が生まれるに至るのは二〇年余前のストックホルム会議で、インドが環境の規制に反対し、「北の国だけが環境政策のために開発を止めよというのはおかしい。環境帝国主義だ。貧困こそ環境問題だ」と言って、南の人の支持を受け、ストックホルム会議は国際協定をできないで終わったためです。その反省からリオ会議では、開発と環境を調和させるという概念として妥協の産物ではありますが、「持続可能な発展」、sustainable development の概念が出たわけです。

都留さんが、この外務省翻訳は間違いだと指摘しました。主体的に訳している。地球は客体なのであって、どうじたばたしても環境は存在する。客体的に訳さないといけない、「維持可能な発展」と訳せといわれました。私もそれにしたがっています。

維持可能な発展もいろいろな要素が入ってきます。財界の人たちは「維持可能な経済発展」と言います。しかし、ボウルディングが言うように、いつまでも成長が続くということはありえない。維持可能な発展をどう理解するかは、難しい問題です。

維持可能な社会を考えて、妥当な条件を挙げていくと、五つの条件になるのではないか。望ましい社会はこういう条件を確立するシステムを作るという意味で、私は次のような維持可能な社会を提唱しています。

（1）平和とくに核戦争の防止、（2）環境と資源の保全、（3）絶対的貧困の防止と経済的公正、（4）基本的人権の確立、（5）民主主義と思想・表現の自由。

この中で一番難しいのは「平和」と「環境保全」だと思います。戦争は急性の悲劇です、環境問題は慢性的な災害だと思います。いま、どうやって地球環境の保全を達成するのかということが問われています。

経済学者は経済的な手法を考察しています。「環境税」「排出権取引」など経済的手段を市場制度に乗せながら使って、汚染物を少なくしようという提案です。こういう場合の手段は三つあります。

一つは「直接規制」、行政や司法で基準を作って規制する。第二は「経済的手段」。三番目が「環境教育」、環境学習を強めていって企業や個人が自主管理する。第三の道は重要で、公害の歴史を見ても、世論や運動が起こらないと規制も経済手段もとられていません。これが手段の中で基本になると思います。

いまは主として新自由主義の潮流で動いていますので、重視されているのが経済的手段です。日本でも税制調査会は「環境税について検討しなければならない」と初めて言いました。今まではまったく無視していたのですが。近く環境税がはいってくると思いますが、こういう市場システムの下で経済的手段を伴うだけでいいのか。私はシステムを変えなければならないのではないか、政策手段だけではうまくいかないと考えています。

システムを変える問題について、注目すべき理論が二つあります。一つは都留重人さんやワイツゼッカーが主張しているもので、「生産のあり方」、人間にそくしていえば労働（labor）のあり方を変える。これまでの労働は所得を得るために働いているわけですが、そうではなく、自らが満足できうる楽しく、美しい仕事（works）に変えていくこと。「レーバーからワークへ」。労働そのものを変える。ワイツゼッカーは「アイゲン・アルバイト」（Eigenarbeit）、自発的労働といっています。

他人に強制され所得のために働かなければならないのではなく、自発的労働へかえていくという問題提起です。空想ではなく、ドイツの生活時間における強制される労働時間の変化を見ていますと、どんどん減っている。自発的な仕事が増えてきている。将来、ロボットやコンピューターが労働現場を支えていくことになると、人間は何をするか。今までのマルクス主義は、労働組合が要求して余暇を多くし、その中で人間性を回復させるという考え方でしたが、そうではなく、少しことなる社会主義者のモリスが言うように、疎外感を仕事で回復する。仕事そのものを社会的に意義のある楽しいものに変えていこう。そうすると必ずしもＧＮＰを上げなくてもいい、成長しなくても満足するシステムが考えうるのではないか。

もう一つは、見田宗介が『現代社会の理論』（岩波新書）で書いていますが、「消費を変える」考え方です。消費を自由選択する中で欲望を変えることによって、地球環境を維持できるのではないか。いま消費のあり方が変わってきている。必ずしもモノの消費が必要ではない。モノより情報になって生産あたりの資源活用度が減っている。やがて人間は、物質的な豊かさよりも朝焼けの美しさを選ぶことによって欲望の変化が起こってくると、地球環境が保全できるシステムが選べるのではないか。このためには、かつてガルブレイスが『豊かな社会』という名著の中で「依存効果」という宣伝や広告で不必要なものまで欲望をかきたてる現代の経済を批判して、大量消費をさせる社会を変えなければならないとしたのです。そういうシステムを変える。欲望をしだいに自由な社会の中で変えていく方向性の中で、見田宗介は地球環境問題の解決の方向性を出そうと考えているようです。

現実の日本は政官財癒着の土建国家で金融救済に七〇兆円出す。行政投資に五〇兆円、社会保障の公的負担が二〇兆円という国なので、「労働を変えろ、欲望を変えろ」というのはユートピアに聞こえるかもしれませんが、システムを変えなければならないところに来ているということを自覚しなければならない。経済学も交換価値を尺度とする社会から、社会的使用価値に変える。価値の尺度を社会的有用性を基準にして判断する。市場制度における「ディマンド」ではなく社会の「ニーズ」に、「需要」ではなく「必要」に変えていくことが、これから求められるのではないかと思います。

さて、四七年間の講義生活を終えることになりました。この活力ある立命館大学でピリオドを打つのは感銘深いことであります。私は国立、公立、私立という三つの経営形態を経てきて、それぞれの長所、短所をよくわかってまいりました。私の意見は大学はそれぞれの長所があり、三つの経営形態はそのまま存続すべきだと思っています。四七年間に幸いにも約四〇〇人のゼミ生を育てることができました。いつも未来をになう若いゼミ生を四七年も相手にできた、これほど幸福なことはない人生だったと思っています。大学院で直接教えた院生の中から一一人の大学教授が生まれました。今日、オレゴン大学助教授のヘインズ君がアメリカからかけつけてくれました。こういうヘインズ君のような内外の留学生を入れますと、一六人の大学教師を育てることができました。こうして私を越えて新しい社会科学を樹立してくれる人たちを生みだしたことについて、大変うれしく思っています。

私は学問する上でモットーとしていた言葉があります。それは「足もとを掘れ　そこに泉湧く」です。ゲーテの言葉だと思っていたのですが、四高の先生で、かつ金沢大学では同僚のドイツ文学の大家である伊藤武雄先生が、ゲーテ全集に全部当たって「絶対にない」といわれました。金沢大学をやめて大阪市大にかわってから手紙が来て「君、いわれていた詩を見つけた。これはニーチェだ」。訳し直したからと送って下さったことについては、先にも述べた通りです。

その詩はいい言葉で、

ひるむな　足もと深く　掘れば泉！
痴人《しれびと》は言う　〃そこは—地獄〃

地獄だと思っているが、ひるまずにその足もとを掘ることによって解決の道が見いだされるというのです。

地球環境問題でも発生源は足元にある。宇宙の彼方にあるのではない。フロンガスや温暖化ガスを出しているのは足元です。シンク・グローバリー、アクト・ローカリー（Think Globally, Act Locally）という言葉もありますが、足元から出発する。研究は足元から出発させなければならない。

もうひとつの座右の銘はブレヒトの「ガリレオ・ガリレイの生涯」の言葉です。ブレヒトは今世紀最大の劇作家で立派な作品を多数書いています。その中での傑作は『ガリレオ・ガリレイ』だと思います。ブレヒトの書くガリレオは享楽主義者で自分の楽しさ、生活を大事にする面白い学者です。教会の圧力に屈して生命を長らえるのですが、その中で物理学を革命する業績は残したのです。ブレヒトは科学はどうあるべきか、ガリレオの失敗、その後の物理学が原爆を生み出した失敗を省みて、ガリレオ・ガリレイに「一体、科学とは何だ」と言わせています。

科学が権力者に従属したり、知識のための知識を積み重ねていくとすれば、科学と人類の溝は広がっていく。そうではなく、

「私は、科学の唯一の目的は、人間の生存条件の辛さを軽くすることにあると思う」

と言わせています。

私も科学の役割は、人間の生存条件の辛さを少しでも軽くすることにあると思っています。ぜひ若い研究者諸君が、これから到来する人間社会の中の辛さを少しでも軽くするために頑張っていただければ幸いです。

あとがき

一九三〇年生まれの私の人生は、戦争に始まって、敗戦——戦後改革、経済大国への成長、そしてそのシステムの崩壊という、文字どおり激動の時代であった。その間に、何度も個人としての物質的・精神的危機が訪れた。それをのりこえて今日があるのは、すぐれた恩師と友人のおかげである。本書は、私の人生を支えてくれた方々を紹介し、あるいはその死を悼んで書いた随筆をあつめたものである。恩師や友人の思い出をあつめて、戦後史をつくるつもりだったが、これをよみかえしてみると、最も重要な恩師や友人の多くについて語っていないことに気づいた。

恩師では、都留重人先生と水田洋先生である。しかし、このお二人の偉大な師匠を語るのは至難の業である。都留先生が『世界』に連載された自叙伝をよんで、とてもいまその業績を評価することは不可能だと思った。また水田先生の『評論集クリティカルに』(御茶の水書房)の中の「師の影」をよむと、とても、いま同じような評論はできないと考えている。いつかは両先生の業績を評価できる日がくることを誓って、本書ではふれなかった言訳としたい。

また友人では、柴田徳衛さんのように、先輩であるとともに終生の友人との交流も書いていない。伊藤靖之《やすゆき》、鶴見浩二《こうじ》、坂野雄一《さかのゆういち》、林建彦《たけひこ》、大江志乃夫《しのぶ》、さらには最近力をいれてきた長野県の「望月宮本塾」の北沢正和《まさかず》、吉川徹《とおる》、伊藤盛久《もりひさ》などの諸氏との交流も書いてみたかったのだが、次の機会にゆずらざるをえなかった。交遊録としても未完成である。未完であるとしても、ここに収録させていただいた人達をみていただくとわかるように、専門研究の関係者だけでなく、広い範囲の交流が、私の人生を豊かにしてくださったことに改めて気づかされる。

二〇〇一年七月一七日、はからずも滋賀大学の友人達の推薦をうけて、学長となった。さいしょの一年一杯は「見習い」のつもりであったが、「改革」の嵐は、静穏であるべき大学の屋台骨をゆさぶり、就任早々から多忙をきわめることとなった。予定していた歴史三部作を執筆することはもとより、滋賀大学の中に「維持可能な社会（Sustainable Society）」の研究チームをつくりたいという願望も、その実現のための時間がなかなかとれそうもない。

私の世代は激動期であったので、母校がすべて制度上消滅している。台北第一師範附属小学校、台北一中、海軍兵学校、金沢二中、第四高等学校、旧制名古屋大学、いずれもすべて廃校となっている。そしてまた偶然にも、滋賀大学ひいては新制国立大学の終焉の幕を私自身がひかねばならなくなった。教育こそ一国の未来をつくる基礎である。したがって、制度が変っても、教育という事業は不滅である。問題は、制度がかわった時に、旧制度がつくり上げた遺産を正統に継承できるかである。「愛惜の第四高等学校」の章をよまれるとわかるように、必ずしも過去の成果の伝承に成功したとはいえない。それが、今日の高等教育の教養・専門低下の問題にもつながってきている。歴史は二度くりかえさないから、旧制の復活は幻想であるが、歴史の教訓は正しくうけついでいくべきであろう。新制国立大学の最後の学長としてこのことを自戒としたいということなども、本書をまとめた理由のひとつである。

本書の編集は、元岩波書店の編集者として、『環境と開発』『環境と自治』など多くの著書を担当してくださった高林寛子さんにお願いした。突然の無理なお願いにもかかわらず、高林さんは快く引き受けてくださった。さらに、新聞などにのせた時論・随筆などまとめた本の編集も彼女にお願いしている。その友情に心から感謝をしたい。

装幀は田村義也さんにお願いした。病後まもないにもかかわらず、快く引き受けてくださった。いつもながらの友情に感謝したい。

また、このような商業ベースにのりそうにもない出版をひきうけてくださった、藤原書店社長藤原良雄氏、また担当の山﨑優子さんにたいしてお礼を申したい。

二〇〇一年八月

宮本憲一

初出一覧

中野重治と猫　新原稿
地方自治の扉をひらく　清水武彦『自治の時代のパートナーシップ』自治体研究社、二〇〇〇年（序文）
都市と農村の共生をもとめて　高橋治『流域』新潮文庫、一九九三年（解説）
愛惜の第四高等学校　新原稿

「学者市長」関一の「少酌」『酒と文化研究』第四号、一九九四年一一月
マンフォードの「人間のまち」『朝日新聞』（夕刊）一九九〇年三月一二日
ウィリアム・ペティの生涯『同時代を生きる』第二号、東京演劇アンサンブル、一九七五年一二月
『柳川堀割物語』が語るもの（「わずらわしいつきあいと水都再生」を改題）『シネ・フロント』一九八七年八月号
一陣の風　辻由美子（「かんじんなことは、目に見えないんだよ」を改題）『星の王子さま』東京演劇集団「風」、一九八九年
魅せられて　志賀澤子　a letter from the Ensemble, No. 30, 一九九八年二月
『ヴィヨンの妻』と林曠子　あゆみコーポレーションCD『ヴィヨンの妻』によせて（全文修補）
財政学の共同研究者をうしなって（「渡辺敬司さんの死を悼む」を改題）『財政学研究』第二号、一九七九年
「君は闘っているか」『公害研究』第二〇巻第二号、一九九〇年
公害研究の草分け　初出不明
思想をもつ大編集者　追悼集『安江良介その人と思想』安江良介追悼集刊行委員会、一九九九年

真剣勝負の指導　（「『島恭彦著作集』刊行にあたって」を改題）『財政学研究』第七号、一九八三年
財政学と地方自治への寄与　（「島恭彦先生の業績を偲ぶ」を改題）『経済論叢』第一五七巻第三号、京都大学、一九九六年三月
思い出すことなど　宮本ゼミ機関誌『財政学散歩』通刊一八号、二〇〇〇年
君たちはどう生きるか　宮本ゼミ総会講演速記録、一九九三年四月一一日
経済学の百年　『20世紀とは何であったか』立命館大学人文科学研究所、二〇〇〇年（立命館大学土曜講座二五〇〇回記念特別企画）

は　行

ま　行

や　行

ら　行

わ　行

さ　行

た　行

な　行

人名索引

あ　行

か　行

略年譜

1930年　2月19日、台湾市台北に生まれる。

1945年　復員して金沢へ。翌年母と弟3人。1947年には父が引揚げ。

1950年　3月、第四高等学校（旧制）文科乙類卒業。

1953年　3月、名古屋大学経済学部経済学科（旧制）卒業。4月、金沢大学法文学部助手。

1955年　4月、金沢大学法文学部講師（財政学を担当）。

1956年　新森《あらもり》英子と結婚。彼女は以後中・小学校の教師として1992年まで勤務。また約15年間、大阪教職員組合婦人部長。共同に仕事をもつ生活は今も続いている。

1957年　長男茂樹誕生。以後、真樹（1962年）、美奈（1964年）二男一女。

1960年　父の死亡により、弟は学校卒業まで、母は亡くなるまで同居。3月、金沢大学法文学部助教授（財政学を担当）。

1961年　四日市調査で公害問題に直面し、以後環境問題が生涯の研究課題となる。1963年公害研究委員会（都留重人委員長）を設立。1964年『恐るべき公害』（庄司光と共著）出版。1968年、四日市公害裁判に最初の原告証人として出廷、以後公害裁判にかかわる。1979年、日本環境会議を創設、事務局長となる。

1963年　自治体問題研究所を創設。

1965年　3月、金沢大学法文学部退職。4月大阪市立大学商学部助教授（地域経済論を担当）。

1972年　1月、経済学博士（京都大学）取得。10月、大阪市立大学商学部教授（地域経済論を担当）。

1975年　世界環境調査（団長）。カナダ・インディアンの水銀中毒事件調査。以後２回現地調査、被害者救済は不十分。

1977年　ニューヨーク市のInstitute of Public Administration客員研究員としてニューヨーク市財政調査。

1979年　8月、ポーランド環境問題サマーセミナーにて講義、以後、数度調査、公害は深刻。

1982年　大阪市、1992年長野県望月町で宮本塾を開く。

1986年　4月、大阪市立大学都市問題資料センター所長（1988年3月まで）。日本地方自治学会を創設、理事長をつとめる。

1991年　4月、大阪市立大学商学部長（1992年3月まで）。

1992年　5月、日本地方財政学会を創設、理事代表、のち理事長をつとめる。

1993年　3月、大阪市立大学を退官。大阪市立大学名誉教授。4月、立命館大学産業社会学部教授。

1994年　4月、立命館大学政策科学部教授。

1997年　4月、立命館大学政策科学研究科長（1998年3月まで）。

2000年　3月、立命館大学政策科学部退職。

2001年　7月、滋賀大学学長に赴任。

著者紹介

宮本憲一（みやもと・けんいち）

1930年台北市生。名古屋大学経済学部卒。財政学、環境経済学、地域経済論専攻。現在、大阪市立大学名誉教授、滋賀大学学長。
著書に『都市経済論』（筑摩書房、1980年）『環境経済学』（岩波書店、1989年）『環境と開発』（岩波書店、1992年）『環境と自治』（岩波書店、1996年）『公共政策のすすめ』（有斐閣、1998年）『都市政策の思想と現実』（有斐閣、1999年）『日本社会の可能性』（岩波書店、2000年）他多数。

思い出の人々と

2001年10月30日　初版第１刷発行©

著　者　宮　本　憲　一
発行者　藤　原　良　雄
発行所　株式会社　藤原書店

〒162-0041　東京都新宿区早稲田鶴巻町523
TEL　03（5272）0301
FAX　03（5272）0450
振替　00160-4-17013

印刷・平河工業社　製本・河上製本

落丁本・乱丁本はお取り替えします
定価はカバーに表示してあります

Printed in Japan
ISBN4-89434-254-5

グローバリズム経済論批判

経済幻想

E・トッド
平野泰朗訳

「家族制度が社会制度に決定的影響を与える」という人類学的視点から、グローバリゼーションを根源的に批判。アメリカ主導のアングロサクソン流グローバル・スタンダードと拮抗しうる国民国家のあり方を提唱し、世界経済論を刷新する野心作。

四六上製　三九二頁　三二〇〇円
（一九九九年一〇月刊）
◇4-89434-149-2

L'ILLUSION ÉCONOMIQUE　Emmanuel TODD

陸のアジアから海のアジアへ

海のアジア史

〔諸文明の「世界＝経済《エコノミー・モンド》」〕

小林多加士

ブローデルの提唱した「世界＝経済《エコノミー・モンド》」概念によって、「陸のアジアから海のアジアへ」視点を移し、アジアの歴史の原動力を海上交易に見出すことで、古代オリエントからNIESまで、地中海から日本海まで、躍動するアジア全体を一挙につかむ初の試み。

四六上製　二九六頁　三六〇〇円
（一九九七年一月刊）
◇4-89434-057-7

現代資本主義の〝解剖学〟

現代「経済学」批判宣言

〔制度と歴史の経済学のために〕

R・ボワイエ　井上泰夫訳

混迷を究める現在の経済・社会・政治状況に対して、新古典派が何ひとつ有効な処方箋を示し得ないのはなぜか。マルクス、ケインズ、ポランニーの系譜を引くボワイエが、現実を解明し、真の経済学の誕生を告げる問題作。

A5変並製　二三二頁　二四〇〇円
（一九九六年一一月刊）
◇4-89434-052-6

初の資本主義五百年物語

資本主義の世界史

〔1500-1995〕

M・ボー　筆宝康之・勝俣誠訳

ブローデルの全体史、ウォーラーステインの世界システム論、レギュラシオン・アプローチを架橋し、商人資本主義から、アジア太平洋時代を迎えた二〇世紀資本主義の大転換までを、統一的視野のもとに収めた画期的業績。世界十か国語で読まれる大冊の名著。

A5上製　五一二頁　五八〇〇円
（一九九六年六月刊）
◇4-89434-041-0

HISTOIRE DU CAPITALISME　Michel BEAUD

「医の魂」を問う

冒される日本人の脳

（ある神経病理学者の遺言）

白木博次

東大医学部長を定年前に辞し、ワクチン禍、スモン、水俣病訴訟などの法廷闘争に生涯を捧げてきた一医学者が、二〇世紀文明の終着点においてすべての日本人に向けて放つ警告の書。

四六上製　三二〇頁　三〇〇〇円
（一九九八年一二月刊）
◇4-89434-117-4

現代の親鸞が説く生命観

穢《え》土《ど》とこころ

（環境破壊の地獄から浄土へ）

青木敬介

長年にわたり瀬戸内・播磨灘の環境破壊と闘ってきた僧侶が、龍樹の「縁起」、世親の「唯識」等の仏教哲理から、環境問題の根本原因として「こころの穢れ」を抉りだす画期的視点を提言。足尾鉱毒事件以来の環境破壊をのりこえる道をやさしく説き示す。

四六上製　二八〇頁　二八〇〇円
（一九九七年一二月刊）
◇4-89434-087-9

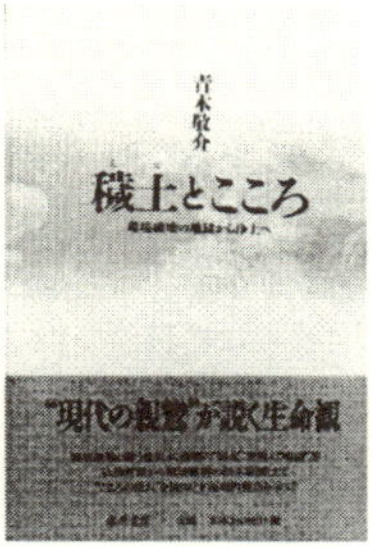

「環境学」生誕宣言の書

環境学　第三版

（遺伝子破壊から地球規模の環境破壊まで）

市川定夫

多岐にわたる環境問題を統一的な視点で把握・体系化する初の試み＝「環境学」生誕宣言の書。一般市民も加害者となる現代の問題の本質を浮彫る。図表・注・索引等、有機的立体構成で「読む事典」の機能も持つ。環境ホルモンなどの最新情報を加えた増補決定版。

A５並製　五二八頁　四八〇〇円
（一九九九年四月刊）
◇4-89434-130-1

湖の生理

新版

宍道湖物語

（水と人とのふれあいの歴史）

保母武彦監修／川上誠一著

国家による開発プロジェクトを初めて凍結させた「宍道湖問題」の全貌を示し、宍道湖と共に生きる人々の葛藤とジレンマを描く壮大な「水の物語」。「開発か保全か」を考えるうえでの何よりの教科書と評された名著の最新版。

小泉八雲市民文化賞受賞

A５並製　二四八頁　二八〇〇円
（一九九二年七月／一九九七年六月刊）
◇4-89434-072-0

『岡部伊都子集』以後の、魂こもる珠玉の随筆集

岡部伊都子随筆集

〔推薦者のことばから〕

鶴見俊輔氏　おむすびから平和へ、その観察と思索のあとを、随筆集大成をとおして見わたすことができる。

水上　勉氏　一本一本縒った糸を、染め師が糸に吸わせる呼吸のような音の世界である。それを再現される天才というしかない、力のみなぎった文章である。

随筆集、第1弾

思いこもる品々

「どんどん戦争が悪化して、美しいものが何も彼も泥いろに変えられていった時、彼との婚約を美しい朱机で記念したかったのでしょう」（岡部伊都子）身の廻りの品を一つ一つ魂をこめて語る。［口絵］カラー・モノクロ写真／イラスト九〇枚収録。

A5変上製　一九二頁　**二八〇〇円**

（二〇〇〇年一二月刊）

◇4-89434-210-3

随筆集、第2弾

京色のなかで

「微妙の、寂寥の、静けさの色とでも申しましょうか。この「色といえるのかどうか」とおぼつかないほどの抑えた色こそ、まさに「京色」なんです」……微妙な色のちがいを書きわけることのできる数少ない文章家の珠玉の文章を収める。

四六上製　二四〇頁　**一八〇〇円**

（二〇〇一年三月刊）

◇4-89434-226-X

随筆集、第3弾

弱いから折れないのさ

四〇年近くハンセン病の患者を支援してきた岡部伊都子が、弱者の目線で綴った珠玉の随筆集。戦争、差別、環境について、潤いのある文章で、奥深く書き綴られた文章を収める。

題字・題詞・画＝星野富弘

四六上製　二五六頁　**二四〇〇円**

（二〇〇一年七月刊）

◇4-89434-243-X

1989年11月創立 1990年4月創刊

月刊
機
2001
10
No. 119

一九九五年二月二七日第三種郵便物認可　二〇〇一年十月一五日発行（毎月一回一五日発行）

発行所　株式会社 藤原書店 ©
〒一六二─〇〇四一 東京都新宿区早稲田鶴巻町五二三
電話　〇三・五二七二・〇三〇一（代）
FAX　〇三・五二七二・〇四五〇
◎本冊子表示の価格は消費税別の価格です。

編集兼発行人
藤原良雄
頒価 100 円

現代の健康ブーム、医療の問題を「身体の歴史性」から問い直す『環』7号、今月刊行！

歴史としての身体

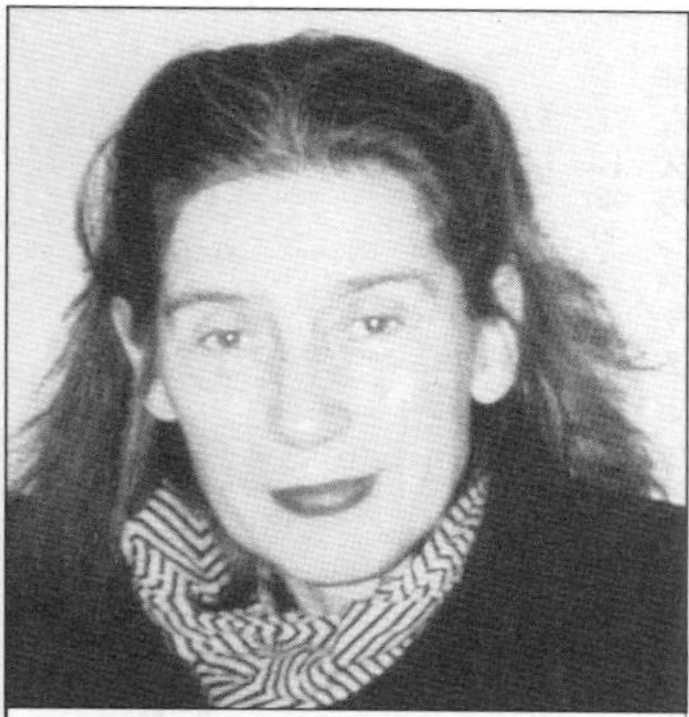

▲B・ドゥーデン（1942- ）

現代の過剰な健康ブーム、医療技術の高度化は、むしろ我々の生の意義を失わせているのではないか？――身体の問題をその歴史性から問い直す『環』7号（特集・歴史としての身体）を今月刊行する。「自然的事実」として、もっぱら医学や生理学の対象とされる身体だが、実は「身体は、その感じられた現実のなかにある時代をそっくりそのまま表現している」（イリイチ）。同号からドゥーデン氏の論考と鼎談の一部を掲載する。**編集部**

● 十月号 目次 ●

過去の女性の身体観

バーバラ・ドゥーデン

歴史研究の基準

私は実際、ひとりの人間であって、物などではありません。自分を、プログラム可能な免疫システムと捉えることはできません。私の思考は、私の感覚のなかで響き渡るのです。判断するにあたっては、吐き気や光を頼りにします。あることを考えることで注ぎ込まれる甘美さをあてにします。そのことで、自分の感性を真理の基準とするというのではないのですが、私の感性は私の歴史研究に具体性を与えてくれる条件であり、そうありつづけるのです。この条件抜きでは身体史というものは単なるお喋りに堕してしまいます。（略）

身体史を研究しはじめてから、決意していることがあります。過去の女性たちの身体経験とのかかわりをポストモダンの脱構築によって奪われるようなことはあってはならない、という決意です。そのためには、直観だけでは充分ではありません。どうしても、解釈上の補助手段をつくり上げることが必要でした。つまり、現代の歴史学の枠にとどまりながら、身体に関係する史料を解釈するさいに役立つような補助手段のことです。

触覚的な知覚

女性が体験した身体について、ときには中世にまでさかのぼって収集し、メモを作成することを何年か続けるうちに、私は、理論的にというより、ブリコラージュするなかで、女性たちが自分について語るときには、少なくとも以下のような四つの方向づけがあることをつきとめました。

（1）彼女たちは、自分を運動論的に理解している（つまり、知覚されたキネーシス即ち運動として理解している）。「かきたてられた」とか、「すばやい」とか、「だれている」とか、「詰まった」とか、「硬くなった」というように知覚するのである。

（2）彼女たちは、自分に起こることを触って確認する。それは、触覚による体験、触って確認された体験であり、目に見える視覚化された体験ではない。腫れたり、抜けていたり、芽が出たり、重かったり、むずむずして、ちくちくして、しめつける。

（3）彼女たちの証言は、共通感覚（共通の–感覚的なもの）を強調している。苦さのように、味覚と嗅覚とが合流している。腐乱とさわやかさが、そしてまた熱と冷たさとまでが合流している。肝臓や、胃や子宮でそうなのだ。黒い胆汁とか、吐き気 male au cœur や鮮血など、多くのことばがこの混じりあいを表現している。

（4）こうした体験要素は、すべて本質的に向きをもつ。その際に、「上」と「下」や、「右」と「左」、「前」と「後ろ」そして「内と外」「遠くと近く」や「ここ―あそこ―あちら」や「その上の方」といったものは、質的に互いに異なっている。

そこで、私は、たとえば一八世紀初頭の何百人もの女性たちが医者に訴えていることを言い表すのに、「実践を左右するイメージ」という表現を用いることにしました。硬直やのぼせの症状の訴えを手がかりに、その程度や質について、ちょうど、当時の医者たちのように、私も彼女たちの身体経験について追体験することができたのです。こうしたベクトル、つまり視覚的ではなくて、触覚的に知覚されたベクトルの研究によって、ときに、それらの女性たち同士の会話を理解することもできるようになりました。（略）

バトラーと「公的胎児」

そして、現代になっても、妊娠中の女性たちの自己認知を理解するには、この方式を用いた方が良いことがあります。フリーランスの助産婦たちと話していると、そう思えるときがあります。彼女たちからたびたび聞かされた話ですが、出産前の超音波写真による検査は、今では一般的になってきましたが、それによって、今度は、女性の運動知覚的な触覚体験の能力が麻痺してしまう可能性があるということです。助産婦たちにとっては、内部の方向性をもった共通感覚的な知識は当然のことですが、そうした助産婦たちと話をすることには解放的効果があります。そのことに私が気づいたのは、すでに一九八〇年代でしたが、ちょうど妊娠状態を視覚によって植民地化することが行われ始めた頃でした。

ところで、私が唱える「実践を左右するイメージ」という補助手段をもってしては、ジュディス・バトラーが喧伝する人間のあり方に接近することは無理です。彼女は、悪魔つきのように、外と内との区別そのものを解消してしまうような自己知覚のありかたを引きずり出します。身体を幻影と考えることこそが、素朴な女にフェミニズムのディスクールに参加を許す補助手段となりますよと言います。私には、著者バトラーの感じ方が、「公的胎児」が描写されるような仕方によく似ていると思われます。この胎児は、まだ生まれていない生命のシンボルとなってしまっており、メディアに映し出されるときには、たいていの場合、母親とは関係が切れた存在、胞皮内をただよう宇宙飛行士とでもいうような存在なのです。

（北川東子訳）

＊本稿は「女性を『脱構築』で切り刻んではならない！」（『環』7号所収）から抜粋した。

（Barbara Duden／一九四二年ドイツ生。ドイツ七〇年代のフェミニズム研究・運動に尽力し、八〇年代からはイリイチとの共同研究を精力的に展開。著書『女の皮膚の下』藤原書店等。）

（きたがわ・さきこ／東京大学教授）

身体感覚をとり戻す

竹内敏晴（演出家）
山田　真（小児科医）
斎藤　孝（教育学・身体論）

それぞれの立場から「身体」に深い関心とかかわりを持たれている気鋭の論者に、現代の身体をめぐる問題を論じていただいた鼎談の一部を掲載する（全文は『環』第7号に掲載）。（編集部）

ことばを話すこととからだの問題

竹内　私は「からだとことばのレッスン」というのをやっています。といっても、からだそのものが問題というよりは、聴覚言語障害者であった自分が、新薬のおかげで十六歳から耳がいくらかずつ聞こえるようになって、自分のことばがなんとかしゃべれるようになってきた、そのプロセスのなかで、からだという問題に出会ったということがあって、そのことをずっと考えてきています。しばしば誤解されるんですが、たとえば人類学でいわれるような、人と人との信号というか、記号としてからだがどう動いているかということにはほとんど興味がなくて、記号以前のからだからことばがどうやって生まれてくるか、ということを考えているわけです。

そのように私のなかではことばのこととからだのことはひとつの問題なのですが、しかしことばは、からだを離れてひとつの世界をつくりあげる。そのとき、その基盤となったからだと、言語世界とはどう対応するか。この問題が、その後ずっと重い荷物になっています。からだをめぐるいまの問題というのも、ぼく流にいうと、言語や記号の世界とからだがどう対立し関わっているか、という問題だと思います。

医療における身体

山田　いまの医者たちが、からだとか健康ということにあまり関心をもっていないという問題がある。非常におかしいことなんですが、からだに関心がない。医者なんだからそんなことはないだろうと思われるかもしれませんが、健康とは何か、からだとは何かということを問いなおすような作業をいっさい医者がやろうとしない。しかしどんな良い医療であろうとも、医療をやっているかぎりは人間のからだを管理し、操作しているわけです。そういう医療という行為そのものがいま問われていて、教育の力と同じように、医療の力のもつ権力性が問われている。そういうことについて考えようとする医者がほとんどいない。この三十年だけでも、

自分が最初に医者になったころに比べると、患者さんにいろんなことができてしまう。いろんな操作ができてしまうという、自分の恐ろしさを感じながらも、周りの人はそれをほとんど感じてくれないという落差にいらだっています。

そして西洋医学はほとんどからだにさわらない医学になり果ててしまっている。からだにさわらない医学をやっていれば、からだに興味をもてるはずもない。検査の数値とか画像、レントゲンを通してみえるからだには関心をもつが、生のからだをじっくりみることはなくなってしまった。

教育における身体

斎藤　記号の世界とからだの世界がどう関わっているかというお話について言いますと、学校の勉強は、基本的にどの教科も同じです。できる子はできるし、体育、音楽等は別にすれば、記号操作の能力があればだいたいできる。その能力だけを鍛えてしまうと、自分の感覚、つまり自分の内側を感じる感覚が鈍くなる。それはたとえばある人に対するわだかまりなり、あるものを読んだときの微妙なひっかかりのようなものですが、本来は、そういう微妙なひっかかりを手がかりにし、それを何とか言語化しようとするところに、自分なりの面白いものが出てくるのだと思いますが、学校教育では、そういうひっかかりは無視される。

そういう問題意識から、身体を軸に、学校あるいはこの国の教育をよくできないかと考えています。以前は、足とか腰を鍛える遊びや生活がごく自然にあった。そういう生活が大きく変化するなかで身体文化、つまり生活のなかの暗黙知的なものとして存在していた身体のつくられ方が崩れていったのに、全く問題にもされなかった。それをいま「腰肚文化」と呼び、ここで一度再認識したいと思っています。

さきほど、「からだにふれる」というお話がありましたが、私も修士論文で指圧とかマッサージを取り上げ、人間関係のやりとりのなかでみていこうとしました。「ふれている」ところで起こっているやりとりには、絶妙な味わいがある。相手のからだを感じとることと、自分の手が動くことは二つに分けることができない。修練を重ねていくと、指圧、マッサージも主客一体になっていく。それは常に新しいものが生まれくる生成的な関係をめざすものではないか。ただそのとき完全に対等でやるのではなく、どちらかがアクションを起こして、その波を相手がとらえて増幅したりする。何ごとでもそうですが、対等な人間同士だけでなく、教師と生徒の関係でも、そういう関係のあり方がありうるのではないかと思います。

（たけうち・としはる／「からだとことばのレッスン」主宰）
（やまだ・まこと／八王子中央診療所所長）
（さいとう・たかし／明治大学助教授）

〈徳富蘇峰宛書簡〉

中江兆民——僕 実に恥しきの極点なり（抄）

高野静子

明治二十（一八八七）年十二月末、井上馨外相の条約改正交渉の失敗を機に、三大事件建白運動が起こり、地租の軽減、言論集会の自由、外交政策の回復の三要求の建白書を携え、全国から民権運動家がぞくぞくと上京して、政府を脅かした。それを防ぐため政府は「保安条例」を公布した。そして、在京の民権派を東京から追放しようと、五七〇名に三日以内に皇居三里以外への退去を命じた。五七〇人の中に兆民もはいっていた。保安条例実施の翌日（十二月二十七日）、兆民は次のような書簡を蘇峰に送った。

▲中江兆民（1847-1901）
（明治6年前後，フランス留学時代）

「徳富君足下僕も誤りて這回亜細亜豪傑の中間入りを為したり　僕実に恥かしきの極点なり　是れ全く僕が素行の善からざるが為めに信を明治の昭代に得ざるが故なり　徳富君僕が今回の過挙を以て其畢生をトし給ふなよ　事急に情切なり　縷陳するに暇あらず　僕此災厄の間は酒を慎めり　幸いに貴慮を労する勿れ　二年間の烏兎長しと云へば長し　短かしと云へば短かし　平民の為めに自玉せよ　有り難き保安条例実施の翌日
猪一郎君　篤介　粛拝」
（『国民之友』一四号明治二十一年一月十日より）

兆民の悲しみが伝わってくるようである。蘇峰に出した手紙と同じような内容で、兆民は末広鉄腸へも書簡を送った。（略）

末広鉄腸といえば、筆禍で入獄した人で、『雪中梅』『花間鶯』など政治小説を書いて人気を博したことがある。兆民より二歳若く、蘇峰より十四歳年長である。兆民が保安条例で東京を去る直前に書簡を出し、自分の気持を伝えたのが、鉄腸と蘇峰であったことは、なんらかの意味があったのであろう。まさか自分が東京を追われるほど、明治の御代に信頼されていなかったという悲しい心境をうち明けられる、信頼できる友であったのであろう。「国の為めに自玉せよ」と二人に頼んでいるのである。

＊全文は『環』7号に掲載。

（こうの・しずこ／徳富蘇峰記念館学芸員）

アルチュセール傑作論文選『マキャヴェリの孤独』今月刊行！

アルチュセール、空虚の書法

福井和美

絶版既刊書の改訳計画

アルチュセールの「理論」の、というより、彼の文体のもつ一律でない多面性を、少しでも感じ取ってもらえたなら、この翻訳の主たる目的は、達成されたと言っていい。だがまずは、この翻訳の、最初にあった目的を言っておきたい。

アルチュセールが他界して十年余りのあいだ、フランスでは、彼の既刊の、しかし「絶版」に等しかった「著作」は、IMEC（現代出版史資料館）保管の資料をもとに、綿密に校訂されて再刊された。マルクス主義への「追悼」と共に記憶の中に埋葬された彼は、少なくとも「墓石」だけはズラし、わずかに開いた隙間をとおし、「未来」から差し込む光を覗き込んでいる。大量の未刊草稿群の公刊と共に、ルイ・アルチュセールの、まだいささかも値踏みされてはいない正味だけは、読者に提供されようとしている。それに比べると、日本の出版状況は少しばかり逆説的であった――少なくとも一九九五年の時点では、明らかに。

一九九五年、『哲学・政治著作集』（藤原書店、一九九九年）の翻訳計画が固まったとき、アルチュセールの既訳の著作をすべて新訳にて再刊する計画も浮上した。『著作集』は、それだけでもすでに厖大な未刊草稿であった。その他の未刊草稿『未来は長く続く』『精神分析論集』（邦訳『フロイトとラカン』人文書院、二〇〇一年）など、IMECから出版されはじめていた「遺された資料」の翻訳も進行中と耳にしていた。とすれば、何年か先、彼の未刊草稿は日本語で読めるようになる。だが既刊の著作は？『ポジション』は未訳。『モンテスキュー』『ジョン・ルイスへの回答』『レーニンと哲学』『自己批判の要素』『科学者のための哲学講義』、絶版。ゆえに、既刊著書が読めない、少なくとも、書店での入手ができない、との予想されたアンバランスを補正するための、改訳・再刊計画であった。

なぜにこのアンバランスを気に掛けたか？　読める・読めない、まさに出版状況も「状況」に、「力関係」に大きく噛み合う。その後、アルチュセールの主著（『マルクスのために』『資本論を読む』）は改訳され、入手しやすい文庫にて店頭に並んだ。幸先良し！　ただしかし、この二冊の主著は、フランス語で読めるようになった未刊草稿全体を考え合わせると、いかにも小さい。「小さい」は、重要でない、という意味ではない。「主著」であるとはいえ、そこに要約してしまうには、アルチュセールは大きすぎると思われた。しかも、彼自身の書法が（一見）「要約」を許すほどにも簡潔明瞭であるため、「情勢」は彼を、斬新でそれなりに考え抜かれている一握りの概念と、それら概念の、解釈者によって付けられるであろうまとまりに、ちんまり収納してしまうことになるのでは？　それに対抗するためにも、あの「介入」計画は望まれたのだが、それは立ち消えた。

▲ L・アルチュセール（1918-1990）

「全体像」を凝縮する論文集

そんなとき、フランスで『マキャヴェリの孤独』（イヴ・サントメ編、一九九八年）が出た。既刊著書の改訳・再刊は将来に期すとして、これは、しかし、その断念された計画へのつなぎになるだろう。既刊または著者「公認」の線で、読者にルイ・アルチュセールの「全体像」を与えるための、とりあえずの「代用」に。これが、言った当翻訳の「最初にあった」目的である。

「全体像」とはいささか大風呂敷かもしれぬが、本書に収録された論文群は、一九五五〜七八年、舞台デビューから彼の上に「墓石」が置かれるフィナーレ前までの日付をもつ。少なくとも彼が「公的」に生きていた時期を、この論文集はたどらせてくれる。収録テキストの半分以上は、本邦初訳で、なおかつ、フランス語でも、それらは、事実上、読めなくなっていた。著者が生前に発表したとはいえ、かぎりなく「未刊」に近いそれらは、いまやその全貌を現しつつある彼のテキスト群の中で、言うなれば、既刊・未刊の中間を占める。その意味でも、「主著」とその周辺とを接続する「つなぎ」として、いかにも好適なものに思われた。こうして、孤立していた主著の、そのまわりの外堀は、不完全ながらも埋められる。主著へ通ずる道、主著から出て行く道、たとえそれが「どこへも通じぬ道」であっても、道だけは付く。

そこに「何が書かれているか」を読み取るのは、この本を手にとってくれる読者に委任すべき作業である。しかし、あれらの論文をとおしてアルチュセールは「何をなしていたか」？　マルクス主義の「脱構築」、「乗り越え」？　もしそうなら、彼を改めて、または、新たに読むことの意味の大半は、予め失われている。

マルクス主義は飛散した。互いに疎遠な様々な個別の特異点にて「構成する力」として働くよう散逸し、分子状に自らを組成し直した。もはや「マルクス主義」という名前さえもたぬ匿名の力のネットワークの中で（ブレヒトは言った――「アトヲクラマセ」）、人々が相手の「誰であるか」を予め知ることなく出会って連帯と離反を繰り返す、ブラウン運動。このネットワークはもはや「帰属」によっては成り立たない。そこでは誰もが独り。「マキャヴェリの孤独」のトーンを少しばかり響かせて言うなら、マルクス主義者であるには「独り」であらねばならぬ……。この「分子化」に一枚噛んだとはいえ、彼アルチュセールが相手にしていたのは、そんな「器官なき身体」、熱力学的なマルクス主義でなくて、もっとソリッドで団体的なそれだった。帰依すべき場所を可視的に指定しうる「王の身体」（それが「二重」であったことを忘れないで！）のごときマルクス主義、ゆえに誰もが簡単に「マルクス主義者」になれた時代の、しかもアルチュセールがその時代のまさにそういうお手軽さに抗して、マルクス主義哲学者であることの困難さを力説していたときのマルクス主義。それはもうない。

空虚のもつ「生む力」

ならば、別の線から問われなくてならない。アルチュセールは何をなしていたか？　ぎゅっと絞り込んでしまえば、ただ書くことだけをなしていた。人を食った答え？　アルチュセールにおける「純粋な書くという行為」について、市田良彦はこう指摘する（パリでの口頭発表草稿《Vide et processus dans le “théoricisme„》）。言うべき何ももたぬゆえに、アルチュセールは書ける、彼が書けるのは、言うべき何ももたぬというそのことをさえ忘れるから。「この完璧な忘却が、空虚なエクリチュールを生み出す。いかなる内容をももたぬエクリチュール、内容をもたぬという内容をさえもたぬエクリチュール」。ただし、市田は「空虚」をまったくネガティヴには捉えていない。続いて彼はこう問う。「いかなる意味で、また、いかにして空虚は――生産のメカニズムを保証せぬ、ゆえに、生産を一種の賭、一種の跳躍に変えるこの空虚は――条件であることを超えて、運動の内在的原因となるのか？　ヘーゲル的否定性を要求せずに、このことはいかにして可能か？」能動的で実践的な空虚のロジックについては、彼の論考の完成を待とう。ここでは、忘却の代わりに文体を置いてみたい。

何を言うかでなく、いかに言うかだけが問題なのであるから、文体は恐ろしいまでに「空虚」である。しかし、逆に言えば、文体はそんな空虚の上にさえ成り立つ。何も言うべきことがなくても書けたのは、まさに、アルチュセールが文体において成立するような性質の「思考」を続けていたからではないのか？　読者が「彼の文体のもつ一律でない多面性」を感じ取ってくれたなら、とまずに初めに訳者の願望を記したのは、この意味においてである。

文体は、もちろん、レトリックとは別のことがらだが、その文体において成立する思考とは、しかし、いったい何か？　それを言うのは難しい。そのような思考を取り扱える文体論を、我々はまだもっていない。文学研究や言語学で言われる「文体論」の本を一冊でも開いてみるがいい。退屈するのに一分とかからない。では、別の文体論は？　たとえば、バフチンの「文体論」は一種のトポロジーで、社会空間の諸位置と言語空間の諸位置とのあいだに対応を付け、テキストを社会的な力の凝集として扱う。これは、クルティウスやアウエルバッハの、いわば「歴史的」文体論（場所と出来事とを対応付ける記憶術の伝統から来るそれ）につなぐと、興味深い成果をもたらすように見える。しかし、アルチュセールのテキストを読むとき、バフチンには、たとえ社会学主義に陥らぬよう工夫を凝らしても、何か決定的なものが足りないと感じないでいられない。いずれにせよ、彼の文体を取り扱う文体論はない。何かがつくられねばならぬ。アルチュセールのテキストもまた、マキャヴェリ同様、「生む力」を及ぼす。（ふくい・かずみ／翻訳家）

▲子供時代のアルチュセール

マキャヴェリの孤独

L・アルチュセール／福井和美訳

■目次

A5上製　五六八頁　八八〇〇円

日本人「県知事」の貴重な体験記録、『東チモール県知事日記』今月刊行！

命を張った「おせっかい者」の記録

——PKO活動の現場から——

伊勢崎賢治

東チモールに続く、西アフリカでのPKO活動

ハンマーがひとつ、ふたつと、古びたAK47オートマティック・ライフルに打ち下ろされる。やっと銃身が曲がり始めたところで、涙を拭い、また打ち下ろす。

ハンマーを握るのは、歳の頃は十八くらい。まだ顔にあどけなさが残る、同じ年恰好の少年たちで構成されるゲリラ小隊を率いてきた〝隊長〟だ。〝隊員〟たちは、一様に無言。無表情に彼のハンマーの動きを見つめる。

何人殺してきたのだろうか。幾つの村を焼き討ちにしてきたのだろうか。何人の子供たち、婦女子に手をかけ、そして、何人の同朋、家族の死を見てきたのだろうか。

長年使い慣れた武器に止めを刺すこの瞬間、この少年の頭によぎるのはどういう光景であろうか。

ここは、西アフリカ、シエラレオーネ共和国、DDR（Disarmament, Demobilization & Reintegration 武装解除、動員解除、社会再統合）の現場である。私は今、国連PKO（平和維持活動）の一つである国連シエラレオーネ派遣団に属し、十年余の内戦を経て焦土と化したこの国の再建に向けて、四万五千と言われる民兵ゲリラの武装解除と、彼等がまた再び紛争を生む要因とならないように社会生活に復帰させる、通称DDRという任務に就いている。私にとっては、「東チモール」に続いて二つ目の国連PKOだ。

▲複雑な経緯をもった東チモールの村どうしの暴行事件の和解会議を司る（右から二番目が筆者）

何故人は再建に向かうのか

何が人を紛争に駆り立てるのか。ただ命を奪うだけではなく、拷問し、強姦し、人間性という概念に背を向ける行為に、人を駆り立てるのは何か。そして、人が後生大事に心の拠所とする社会秩序、伝統、倫理というものが、紛争によっていとも簡単に崩壊しても、またその再建に向かわせる「おせっかい者」。硝煙の匂いのする現場に我ら「おせっかい者」を駆り立てるのは、一体何なのか。

　ヒューマニズムか。平和を希求するあくなき探求心か。スリルを追い求める冒険心か。功名心か。平穏に過ぎた半生への自虐心か。それとも、ただの「戦争オタク」か。

　どれ一つをとっても、我が心を言い当てるものはない。ただ一つ確かなのは、「おせっかい者」は、人の紛争に巣食う、ということ。危険度に応じて変動する日当を求めて、より困難なミッションを求めて渡り歩く。「それで何が悪い」と開き直り、「他に方法があるなら、やってみろよ」と威勢を張る。「命を張る」という自負は、人を必要以上に自信過剰にする。

▲シエラレオーネにて。NGO職員当時の事を覚えていた一人の男が「あんたもしかしてプラン・インターナショナルのディレクターか」と。

　『東チモール県知事日記』は、「おせっかい者」の記録である。「GHQの再来」と日本のNGOに酷評され、東チモールの悲劇を生んだインドネシアの圧政と比べられながら、焦土と化した東チモールを、再建に向けて暫定統治した記録である。

（いせざき・けんじ／国連シエラレオーネ派遣団、国連事務総長副特別代表上級顧問DDR〔武装解除・動員解除・社会再統合〕部部長）

環境論、都市論で常に先駆的な仕事をしてきた経済学者の精神的遍歴。

忘れ得ぬ人々

――『思い出の人々と』出版にあたって――

宮本憲一

「自分史」であり「戦後史」

かつて、私は戦後の研究の歩みとして、『環境と自治』（岩波書店）を出版した。その「あとがき」に、自分史は七十歳をすぎなければ書かないとした。私たちの世代の歴史は小説の世界のように波瀾万丈である。おそらく、戦争に参加し、死んだ最後の世代であろう。そのいみでは、次の世代に托す「遺言」のようなものが沢山ある。ひまになれば書いてもよいと思っていたのだが、突然、この七月から滋賀大学学長に推せんされて就任することになった。自分史どころか、予定していた日本公害史などの研究を中断しなければならなくなった。

そこで、自分史のかわりというのではないが、戦後の人生を支えてくれた恩師や友人について、これまで書いてきた随筆をあつめて、自らが関係した教育や文化の側面についての考えをまとめてみた。いまよみかえしてみると、私の戦後史は、優れた恩師や友人に支えられたものであることに改めて気づかされる。

坂野雄一氏の思い出

この本に収録したのは過去にたのまれて書いたものが大部分なので、大切な友人や恩師についてふれられなかった人も多い。たとえば坂野雄一《さかのゆういち》がそのひとりである。少し紹介してみたい。

金沢にいくと、「大工町」「桜坂」「尻垂坂」というように、藩政時代から近年までの由緒ある地名を書いた素敵な石碑を各所でみることができる。書家の金沢への想《おも》いが伝わってくるような素敵な書であるが、後へまわって作者の名をさがしてもみつからない。実はこれはすべて坂野雄一の作である。書家として名のある彼が、自らの作であることを記してよいのだが、これはある時代の金沢の一市民が書いたものでよいとして、作者銘をあえて省略しているのである。彼は一時期、金沢市の用意した揮毫料も受けとらなかったので、委託した財政課はその処理に困ってしまっていた。自らの名を秘して、地域に貢献するというのは、いかにも金沢らしい市民文化の高さをしめすエピソードであろう。

坂野雄一は私と海軍兵学校の同期生であり、第四高等学校ではクラスメートになりそこねた友人である。彼は四高の文乙に入学したのだが、学業に力がはいらなかったのか、遊びすぎたのか、一年生で二回落第して退学してしまった。彼が退学した後、私は三年生の時に理科から文科にかわって、彼のクラスメートと一緒になった。坂野は中退したのだが、わが文乙のクラスは彼をクラスメートとして処している。

▲宮本憲一（1930- ）

「野の偉人」が与えてくれる楽しみ

彼の生家は酒造家であったが廃業してしまった。これは彼の遊びのせいなのか、時代のせいなのかは、つまびらかにしない。彼は学業はつづけなかったが、凡百の美術家にはない美意識と表現力を兼ね備えた仕事をしている。陶芸の宇野宗甕《うのそうよう》（初代は人間国宝）との共作の書と焼物の展示会などは、記憶にのこる力作であった。坂野雄一のすごさは、世過のために書や篆刻《てんこく》をしていないことである。このために、芸にいやしさがない。この点では「野の偉人」といってもよい。彼の恩師長小《ちょうこ》次郎《じろう》先生に作風が似ているだけでなく、芸術を純粋な知的満足にしている。こう書いてくると、彼は仙人のようだが、遊び人としても一流である。その無頼のところに魅かれるのか、女性を紹介すると、必ず彼のファンになってしまう。「離婚したら、俺のところにこい」と約束した女性は何人を数えるであろうか。

金沢にいくたのしみのひとつは、芸術家でもある彼の奥さんの手料理で、とっておきの酒「菊姫」を一緒に飲むことである。彼の独得の社会批判を聞いていると、研究の課題が浮かんでくることも楽しい。近年最愛の子息をなくして以来、全く外出しなくなり、体が弱り、酒量とみにおとろえてきたことが心配である。

（みやもと・けんいち／滋賀大学学長）

「改革」で無視されたままの地域社会・経済の自立の道を提示！

地域経済をいかに復興させるか？

下平尾　勲

地域の特殊性・歴史性を活かす

本書『構造改革下の地域振興』を執筆するにあたって次のような問題意識をもった。今日、生態系、自然と人間との共生、リサイクルということが流行語となっているが、実は、こうした問題を考える上で、地域体系＝地域再生産を維持することも大変重要なのではないか？

そのためには、第一に、地域の再生産と自主性、主体性をいかに強化していくかが重要である。人々が住んでいる地域について、短所や欠陥を指摘し、地元には何もない、人はいないということをなげくのではなく、逆に地域のすぐれた面を把握し、いかにそれをを生かし、伸ばすかを考えることが地域振興の視点として大切だと思う。自分たちの生活や文化を少しでも良くしよう、地域を一歩でも発展させよう、みんなで力を出しあって協力していこう、という態度をとるならば、そこから個性の発展、人間性発展の夢が生じるからである。自然、歴史、伝統、文化、既存産業、人、組織、施設など地域の特殊性、歴史性に立脚しながら、市場、技術や情報を取り入れ、新しい産業を育成し、また既存産業から新しい事業を展開できるように、ＩＴ革命を生かし、新交通体系を活用するのだという発想から出発すれば、独自性、自立心、地域の個性の発展が期待できるのである。

激変する環境と地域経済の自立

第二に重要なのは、ここ数年間で長期不況下でのグローバル化や規制緩和政策が現実のものとなり、また、聖域なき構造改革が推進されつつあるが、こうした急激な環境変化の潮流の渦の中で地域経済の自立性をいかに確立するかということである。地域経済は、三つの大きな変化に直面しつつある。

地域再編成・行財政改革による影響

一には、財政赤字を背景として、経済効率という尺度でもって、地方分権、広域合併など地域の合理化と再編成が推進されようとしていること（行財政改革）。行財政改革は、小さな政府、財政赤字の解消、行政の効率化をめざすものであるが、結果的には、経済力のない地方への歳出を減らし、地方負担を増やすための改革である。

経済のグローバル化による影響　二には、グローバル化により地域経済が打撃をうけつつあること（地域経済のグローバリゼーション）。地域経済は、東アジア経済と直接に競合する時代を迎えている。農業、地域産業や中小企業に従事して生活している人々にとってはたまったものではない。消費者が安い商品の輸入を歓迎するからといって、このまま自由化を放置すれば、わが国の主要な地域産業は国際競争を通じて経済的淘汰を受けるであろう。

▲下平尾勲（1938-　）

規制緩和による影響　三には、不況下の規制緩和、構造改革は地域経済に大きな影響を与えていること。欧米での供給サイドに立った規制緩和政策は、スタグフレーション（不況下での物価上昇）対策として登場し、供給サイドの競争化により、物価下落に貢献したが、今日わが国では、欧米とは全く経済状況の異なる長期不況下で規制緩和政策が実施された。不況下の業務分野規制の撤廃、市場原理の導入は、実は過当競争をひきおこし、日本経済の基盤であった棲み分けによる共存共栄、相互扶助、弱者と強者との相互依存、大都市と地域、大企業と中小企業との相互作用などわが国の伝統的なよき社会関係の弱体化をもたらしつつある。

このような地域をとりまく社会経済的な変化に対応しながら、主体的な地域をつくっていくためには、ビジョン（構想）をもち、計画をたて、産官学住民が一体となって地域経済復興のための体制を強化し、地域社会そのものの存立基盤を地道に築いていくのが地域振興の王道であろう。

（しもひらお・いさお／福島大学教授）

構造改革下の地域振興
まちおこしと地場産業
下平尾　勲
（内容） 市場原理・規制緩和と地域経済／産業おこし運動／中小企業基本法改正の問題点／高速交通体系の整備と地域活性化／産学連携ほか
A5判　予三〇四頁　三〇〇〇円

リレー連載　バルザックがおもしろい　33

バルザックを「猛読」した頃

沓掛良彦

二人の大作家を読み耽った大学院「入院」時代

今は昔、未来の詩人・作家を夢見て、アングレームならぬ信州の田舎町から上京した私は、文学者というより文士を輩出していることで知られる大学でロシア文学を学んだ。しかし時はまさに六〇年安保闘争の真っただ中とあって、学生運動に明け暮れ、暴れまわっていたので、卒業しても文学者になるどころか、当然のことながら、就職のあてもなかった。やむなくモラトリアム人間のはしりとして、駒場の大学院に「入院」した。

ものを知らぬ恐ろしさで、バルザック研究の大家でもある先師寺田透先生に指導教官をお願いしたい一心で、「ドストエフスキーとバルザック」という超大風呂敷の修士論文のテーマを提出し、先生をあきれさせたのは、今思い出しても恥ずかしい。ドストエフスキーの作品にバルザックが色濃く影を落としていることは事実だし（この作家は『ウジェニー・グランデ』の翻訳者でもある）、ルカーチの著作などに唆されての所行だったが、どう考えても無茶な企てであった。しかし先生のお許しを得た以上、もう後へは引けない。親の金をくすね、貧弱な蔵書のかなりを売り払って、ようやくプレイヤード版全十二巻のバルザック全集を買った私は、猛然とバルザックを読み出した。しかし翻訳で読むのとは異なり、バルザックをあの濃厚な原文で読むのはしんどい。膨大な「人間喜劇」は、読んでも読んでも一向に終わらなかった。修士課程にいた三年間はあっという間に過ぎ、ドストエフスキーの方は、主要な作品のほとんどをロシア語で読破するという「偉業」をなしとげたが、バルザックの方は代表的な長編を幾つかと、中編、短編を二つか三つ読んだところで、ついに時間切れとなってしまった。言うまでもなく、論文の方はまとまるどころではなく、バルザックに劣らぬ壮大な破産をして、もう一度寺田先生をあきれさせることとなったのは、これまた恥ずかしい。

青春の文学としての『幻滅』

これに懲りたのか、それとももはや大小説を読むエネルギーが失せたのか、その後私は小説への興味を失ってしまい、関心も十九世紀のロシアやフランスを離れて、古代ギリシアへと向かってしまった。それが高じて、今や文学の教師のくせに詩と歴史書しか読まないヘンなジジイになったが、若い頃にバルザックを「猛読」したことは、大きな糧になった。バルザックの作品はどれも面白かったが、最も強く印象に残ったのは、パリにおけるリュシアンの悲惨な挫折を描いた『幻滅』である。詩人としての栄光を夢見て首都に出た青年が、パリで翻弄され、挫折して破滅してゆく姿は、文学の方面で一向に芽が出るきざしもないままに、大学院に「入院」してくすぶっていた私の心を激しくゆさぶった。あれこそ私にとって青春の文学であったと今にして思うのである。

バルザックの世界におけるリュシアンの運命をたどり、またラスティニャックとラスコリーニコフの運命を重ね合わせて考えることは、暗澹たる気持ちで二十代を送っていた私にとっては、生きることそのものを考えることでもあった。修士論文は大破産したが、若い頃バルザックを読んだことで多くのものを与えられたように思う。ところで多くを読み残したプレイヤード版のバルザック全集だが、後に金に窮して都内の某古書店に売り払ってしまった。これがまた何年も一向に売れないらしく、段々薄汚れてゆくのがわかって、その本屋へ行くたびにいやな気がした。

（くつかけ・よしひこ／東京外国語大学教授）

triple 8 vision

8

プール平のプールの底に一本の樹木がはえて来ていた

吉増剛造

『機』のこの欄は、幾度《いくたび》も、あるいはどの月も、変化し、うごき止《や》むことがない、……。外《ソト》からの風の影響もあれば、下《シタ》からの風の影響もある。奄美の加計呂麻（かげろい、……蔭、櫓(呂)、間、……カ）の島陰に今月はいて、タイフーン（二〇〇一年九月八日。台風十六号が、沖縄に、十五号が小笠原に居て、西に向っている、……）の行手に耳を澄まして居た。〝澄ます耳〟と〝(上空を)見詰める眼〟の間（へだゝり絶え間、……）には、無量無数の手があって、（〝無数無量の天使たちが居て、……〟という〝表現〟を、もう、わたくしたちも出来るようになって来ている、……）……手に傍点を振っていた。手は無意識の手なのだろうが、……。瀬戸内（奄美の、……）は穏やか、麗しい青空さえのぞいている。面白いものだ。誰かゞ笑っている気がしていた。タイフーンの眼が笑って居るような気がしていた、……とは、これまでは（私は）書けなかったが、奄美の笠利の喜界島を望む浜辺で、九十二歳の唄者《うたしゃ》里英吉さんの三線《サンシン》の響きと島唄《シマウタ》を（七十才を過ぎた娘さん方が、小屋の庇(ひさし)の下から、古代ギリシャ劇のコロスのように掛声をかけて居た、……）二時間、三時間も聞いているうちに、島唄《シマウタ》の歌詞の影響もある（〝アノ雲のシタニ、愛シイ人ガ、……〟）、タイフーンの眼が笑って居るような気がする、……といえるようになって来ていた。

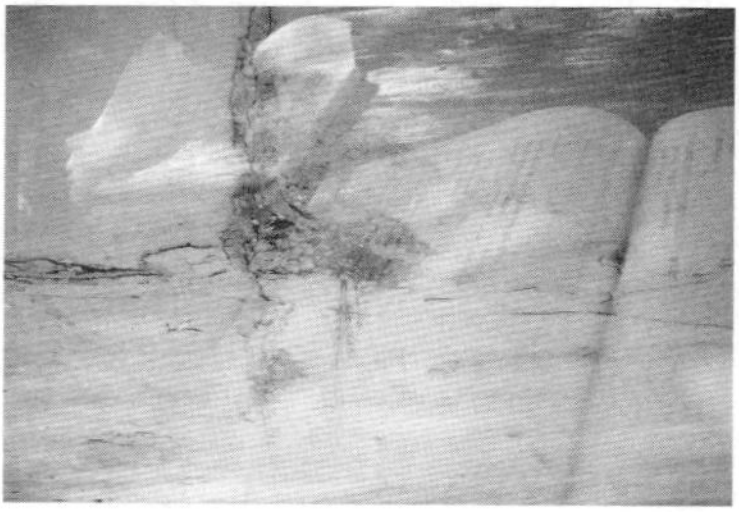

里英吉《サトエイキチ》さんについては、次号、次々号と書き継いで行く、……。（ハブに足を噛まれて、里英吉さんの、右足がない、……）笑顔が、空《ソラ》をみていて、その表情に（その表情に〝歌〟をみて、……）わたくしは、心を打たれたのかも知れなかった。この欄の変化の報告を。十四、五日前、前のタイフーンのとき（二〇〇一年八月二十二、三日に、中部、関東を襲った台風十一号のことだが、不図綴ってみて、思う。〝前のタイフーン〟、〝前の台風〟が面白い、……）わたくしは（短い）夏の休暇の蓼科（たでしな）に居て前の原稿（『新潮』二〇〇一年十月号「詩ノ汐ノ穴(シノシオノアナ)」）を書いていた、……。書きつゝ、蓼科のプール平の水を抜かれたプールの底を、不思議な褪せた青いペンキの剥がれたプールの底を歩いて、写真をとっているうちに、水底のないプールの底に、一本の樹木が生えて来ているのが視界に入って来た。プールの底の裂け目から樹木《き》が、草が萌えて来ていた、……。カラーだと、芥川龍之介の俳句〝青蛙おのれもペンキぬりたてか〟のペンキの青、水の青だが、今月、紙上に〝色〟は、どう出るだろうか。その*film*を運んで奄美、加計呂麻、二〇〇一年九月八日朝、マリン・ブルー・カケロマ前の木のテーブルに、本を二冊置き、そこに、朝のひかりの目がかさなった。

（よします・ごうぞう／詩人）

連載　編集とは何か 9　第Ⅱ期

類似、模倣について

寺田 博

編集者ならば誰も、今どのような時代の潮流のなかにいるのか、感じとっているはずである。そのことは身の回りにある新聞・雑誌・出版物を閲覧することで常に確認しつづけている。そのうちに幾つかの記事に触発され、自分のなかに特定の問題意識が生まれて、企画を立案する。その場合に、問題の立て方にしろ、執筆者の選定にしろ、他の類似の企画より一歩も二歩も先にいったものにしたいと考えるのは、当然のことだろう。

しかし現実には、それを実行することがなかなか困難な場合が多い。問題を絞り込んで鋭い企画にしたり、幅をひろげて大がかりなものにするなど、編集の手法はいろいろあるだろうが、やはりどこかで他の類似企画を模倣した負い目が残ることがある。

そんなときどうするか。私の場合は、一つの考え方に立つことで克服しようとした。それは、同じ風景でも見る人によって異なるということだ。たとえば、同じ風景でも、凡庸な写真家が撮影した写真と、すぐれた写真家が撮影したそれとでは、明確な違いがあるということだ。風景がただの情報にしか見えない写真家と問題意識をもってその風景を見ている写真家とでは、同じ映像でも違ってくるはずである。この場合、問題意識というのは、特定のモチーフといったほうがいいかもしれないが、要するに、近年は、さまざまな表現を情報としてしか受け容れない傾向が強くなっているように感じるので、特に記しておきたい。

したがって、他と類似の構想でも、仮りにそれが模倣に見えようと、編集者として触発された問題であるならば、敢然と企画実現にむけて努力してほしい。そうでなければ、たとえば、幾編も書きつづけている作家に対して、原稿を依頼することなど、できなくなってしまう。この執筆者に、このような作品を書いてほしいという強いモチーフがあればこそ、その都度、編集者は新しい気持で原稿依頼ができるのである。

（てらだ・ひろし／元文芸誌編集者）

連載　思いこもる人々　9

宇宙に満ちみつ・宮沢賢治

岡部伊都子

どんどん戦争が激しくなって兄が戦死。私も十八くらいになっていましたか、あの戦争末期に初めて宮沢賢治作品にめぐり逢った時の驚きと、無念さを忘れません。驚きはもちろん喜びの感動であり、無念は「それまで賢治存在を知らなかった」無念。

詩篇千数百、短歌八百、童話百編といわれる賢治作品は、とてもとても読み切れるものではありません。それに「真空溶媒《しんくうようばい》」だの「過去情炎《かこじょうえん》」だの詩題一つとっても、じつに難解です。

豊醇な宇宙感覚に包まれる虚空音響、その作品は香気に満ちキラキラ鋭い詩以上の詩、表現以上の表現、科学以上の科学、思想以上の思想、すべてを混然とした存在の実感です。

一八九六（明治二九）年八月一日、花巻の資産家に長男として生まれた賢治は、盛岡高等農林学校研究科を卒業、土性調査で東北の不作土が酸性であると知って土地改良に力を入れ、若者を大切に指導。

当時の農村の貧困と不幸を改革して悲惨な耕作者を明るくしたいと心を砕き、東奔西走してついに病臥、花巻の両親のもとへ戻って、昭和八年九月二十一日に亡くなります。

自分が資産家に生まれたことを一生の負い目として「社会的被告」とまで思いつめた賢治でした。

　けふのうちに／とほくへいってしまふ
　わたくしのいもうとよ……（以下略）

　……どうかきれいな頬をして／あた
　らしく天にうまれてくれ……（略）

「永訣《えいけつ》の朝」や「無聲慟哭《むせいどうこく》」などに先だつ妹への愛を綴る賢治さん。私はどんなに賢治さんの妹になりたかったことでしょう。亡き兄への尊敬を思い重ねて。

「人というものは、人のために何かしてあげるために生まれてきたのだよ」と幼い賢治さんに話されたというお母様。私の母は「雨ニモ負ケズ／風ニモ負ケズ／雪ニモ夏ノ暑サニモ負ケヌ／丈夫ナカラダヲモチ／慾ハナク／決シテ瞋《イカ》ラズ／イツモシズカニワラッテヰル（以下略）」の賢治最後の言葉を熱愛していました。

自国を神国だと思い上って世界平和を考えなかった時代に宣言した賢治は、宝。

「世界がぜんたい幸福にならないうちは、個人の幸福はあり得ない」

（おかべ・いっこ／随筆家）

連載

帰林閑話　86

酒悲——泣き上戸

一海知義

若い女性の友人から、メールが来た。彼女は田山花袋の研究家である。最近群馬県館林市の花袋記念館に初めて行き、いろいろと収穫があったらしい。文章の行間にハズンだ気持が踊っていた。

報告によれば、発見の一つは、「酒悲《しゅひ》詩痩録《しそうろく》」という花袋自筆の雑記帳二冊だった。

花袋の名は録彌《ろくや》だから、標題の録はその名にちなんだものか、ときいて来たが、そうではなく、普通の〇〇録、すなわち記録、ノートの意であろう。

ところで若い研究者たちは、とっさには気づかぬだろうが、「酒悲」は白楽天、「詩痩」は李白の詩に見える言葉である。花袋はもちろんそのことを知っていて、この標題をつけたにちがいない。

「酒悲（酒に悲しむ）」は、宋・司馬光の史書『資治通鑑《しちつがん》』（後唐荘宗紀）の胡三省注に、「人、酔後に涕泣する者あり、俗にこれを酒悲という」とあるように、「泣き上戸」のことである。白楽天の詩「酒を勧むるものに答う」にいう、

怪《とが》むるなかれ近来都《すべ》て飲まざるを
　幾回か酔うて却《かえ》って巾《きん》を沾《うるお》すに因る
誰か料《はか》らん　平生　狂酒の客なりしに
如今《じょこん》　変じて酒悲の人となるを

「詩痩（詩に痩す）」の方は、李白が杜甫をからかったとして伝えられる詩に見える。

飯顆《はんか》山頭　杜甫に逢う
頭に笠子《かさ》を戴きて　日卓午《まひる》なり
借問《しゃもん》す　別来《べつらい》　太《はなは》だ痩生《やせ》たるは
総て従前作詩の苦しみのためならん

「飯顆山《めしつぶやま》」は実在の山でなく、詩も後世の戯作かも知れぬ。

花袋は自嘲の気味をこめて命名したのだろう。

三国時代以来、酒飲みを上戸、飲めぬ人を下戸という。「泣き上戸」も大昔からいたのだろうが、さて、「笑い上戸」は漢語で何といったのか。

（いっかい・ともよし／神戸大学名誉教授）

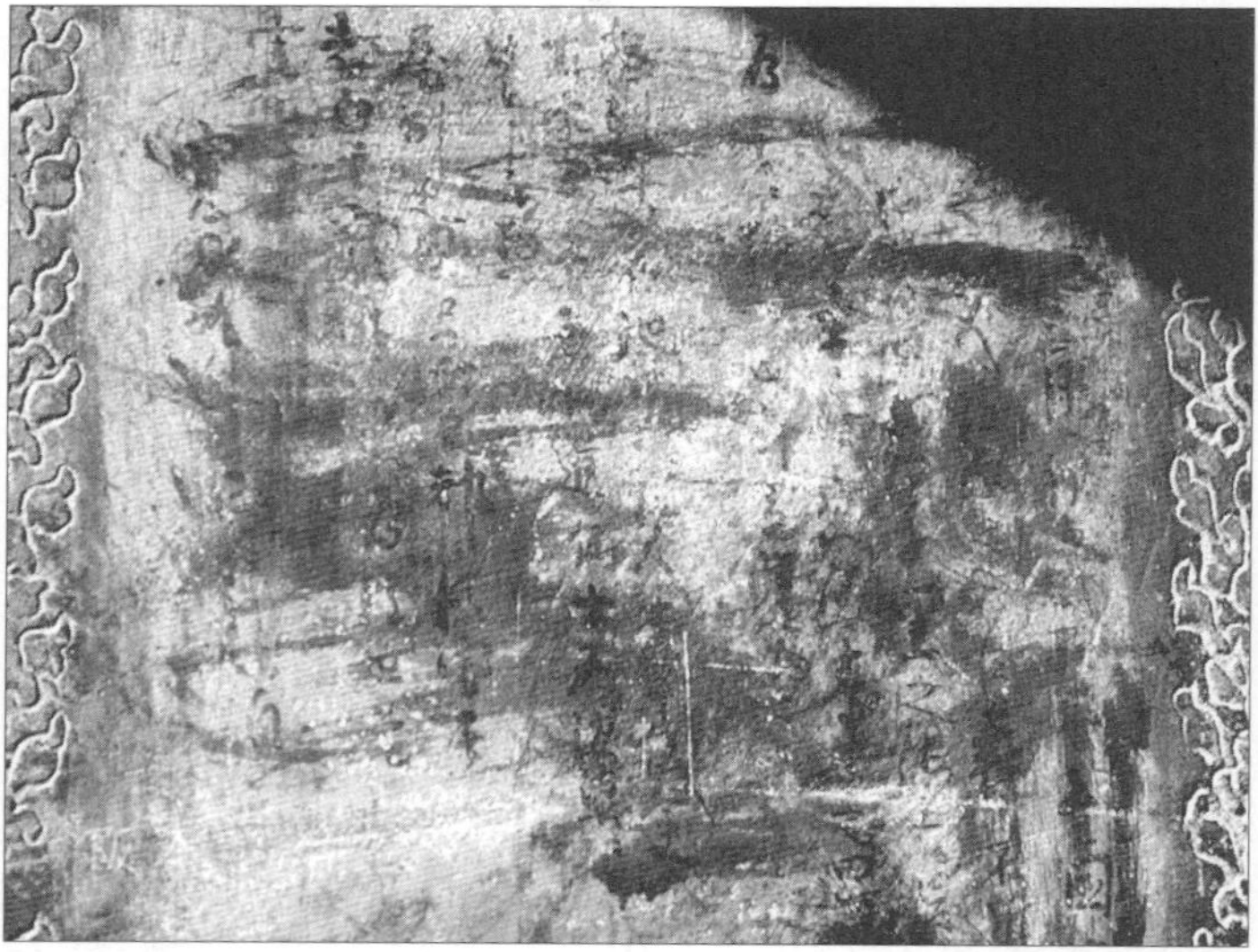

（森本右近太夫の墨書跡／カンボジア）

連載・GATI　24

17世紀、日本と東南アジアを繋《つな》いだ時空

——寛永16（1639）年の鎖国令に直面した日本人たちの数奇な運命——

久田博幸
（スピリチュアル・フォトグラファー）

カンボジアのプノンペン近郊にピニャルーという村がある。タイのアユタヤ、ベトナムのホイヤン同様、江戸初期に「日本人町《にほんじんまち》」として賑《にぎ》わった。十六世紀末から十七世紀前半にかけ、朱印船で東南アジアの二十カ所近くに雄飛した約七千名もの日本人は、各々のコロニーを形成した。

同じ頃、日本国内では鎖国への動きが進行していた。一六三三年に第一次鎖国令を発布。五年以内に帰国するものは許すという条件付だった。しかし、その三年後に発布された海外渡航禁止令は彼らの帰路を断った。鎖国政策を強固にしたのは、一六三七年の「島原の乱」である。国外追放された教徒《キリシタン》らは既にピニャルーなどに多数入植していた。

鎖国令前夜の一六三二年、アンコール・ワットを訪れた松浦藩士、森本右近太夫《もりもとうこんだゆう》は、寺院の二カ所に墨書を遺《のこ》した。同じ頃、長崎の通辞、島野兼了《しまのけんりょう》が同寺院を天竺《インド》の「祇園精舎《ぎおんしょうじゃ》」として測量し、絵図を描いた。だが、島野なる人物の存在は日本側史料にはないという。鎖国令の制裁が親族へ及ばぬよう配慮した森本自身の偽名説も浮上している。

リレー連載 いのちの叫び 36

よくぞ生まれて

松下竜一

多発性肺嚢胞《はいのうほう》症という厄介な病気を持つ身なので、加齢とともに着実に肺機能は衰えてきて、去年は肺炎症状で四度の入退院を繰り返してしまった。今年はさいわい入院こそしていないものの、執拗な咳に苦しめられている。

枕を胸に抱え込んで咳の発作をしのいでいる私に来て、二歳八カ月の孫娘文音《あやね》が「オジイチャン、ダイジョウブ？」と顔を覗き込む。「文音がヨシヨシをしておくれ」というと、私の背を撫でながら「ヨシヨシ」を繰り返すのだ。

そんなとき私は、この子の誕生をいったんは妨げようとしたのだと思うと、詫びるような気持で抱き締めてしまう。

あのときもし、娘もタカシも私と妻の説得を聞き入れていれば、この子はこの世に存在しなかったのだ。

三年前、専門学校を中退して福岡でフリーター暮らしをしていた娘の様子がおかしいと、妻が行ってみると、娘は妊《みごも》っていた。相手のタカシは十八歳で、中学を卒業してからずっと道路工事などで働いていたというが、娘と出逢ったときには現場で喧嘩をして失職していた。

食い詰めている二人を連れ戻り、私も妻も中絶を迫った。「まず、二人の暮らしの基盤を作るのが先じゃないか。先でいくらでも産めるんだから今回は……」という当然な説得を、二人は意外なほど固く拒んだ。

「父親になることで目標ができたのに、その目標がなくなると……」といってタカシはうなだれた。

驚かされたのは娘の変貌だった。妻が「こんな嬉しそうな杏子《きょうこ》ちゃん、見たことがないなあ」というほどに、二十歳の娘の表情がまぶしかった。いったいこれからの暮らしはどうするのかという現実的な心配など眼中になく、ただもういのちを妊っていることが嬉しくてならないといったふうなのだ。こんなにもいのちの誕生を待ちのぞんでいる二人を、さきゆきの不安などで妨げてはならないと私も妻も思い直して許したのだった。

そうやって誕生した文音がいまや、その小さな手で私の背をさすっている。

（まつした・りゅういち／作家）

九月新刊

「水俣病」は、これから始まる。

全身病

しのびよる脳・内分泌系・免疫系汚染

白木博次（元東大医学部長）

「水俣病」が末梢神経のみならず免疫・分泌系、筋肉、血管のすべてを冒す「全身病」であることを看破した神経病理学の世界的権威が、「環境ホルモン」の視点から、「有機水銀汚染大国」日本を脅かす潜在的水銀中毒を初めて警告！

図版・写真多数

菊大上製 三〇四頁 三二〇〇円

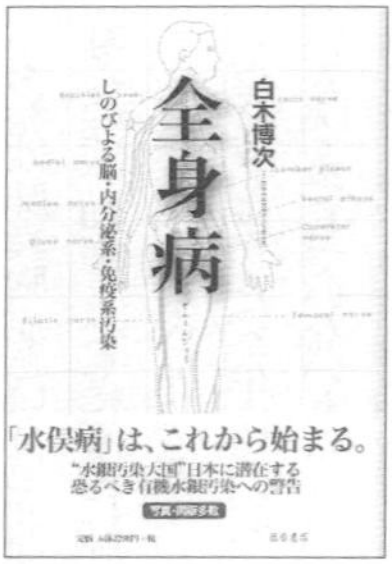

世界の環境ホルモン論争を徹底検証！

ホルモン・カオス

「環境エンドクリン仮説」の科学的・社会的起源

S・クリムスキー

松崎早苗・斉藤陽子訳

『沈黙の春』『奪われし未来』等の科学論争を科学的、社会的に検証し、世界に大反響をよんだ話題の書、遂に完訳。

四六上製 四三二頁 二九〇〇円

「アジアに開かれた日本」を提唱！

〈新版〉アジア交易圏と日本工業化

1500—1900

浜下武志・川勝平太編

加納啓良／C・ダニエルス／永積洋子／田代和生／岸本美緒／斎藤修／高村直助／角山榮／山本有造／R・イネス／R・トビ／杉原薫／石井寛治／斯波義信

四六上製 二九六頁 二八〇〇円

トッドの魅力のエッセンス！

世界像革命

家族人類学の挑戦

E・トッド

石崎晴己編

人口学・家族構造分析により、従来の世界観を一変させたトッドの全て。

A5判 二二四頁 二八〇〇円

行動する知識人、ブルデュー

〈ビデオCD-ROMブック Windows版〉

ピエール・ブルデュー来日記念講演2000

新しい社会運動——ネオ・リベラリズムと新しい支配形態

加藤晴久 編集・構成・対訳・解説

語学用テキストにも最適！

発行 恵泉女学園大学 発売 藤原書店

A5変型上製 九八頁 三〇〇〇円

家計を節約し、かしこい消費者に。

環境家計簿

だれでもできる これで、あなたも〝環境名人〟

本間都

節約と環境配慮の入門書。「使わないとき、電源を切る」……これだけで、年一万円の節約も可能！

A5判 二〇八頁 一八〇〇円

映像で綴る鶴見和子のすべて

〈藤原映像ライブラリー〉

回生

鶴見和子の遺言

第1部 新しい思想——内発的発展論

第2部 わが生涯——学問と道楽

【出演】鶴見和子／沢井余志郎／鶴見俊輔／武者小路公秀／三輪公忠／高野悦子／大石芳野／石牟礼道子ほか

カラー一二八分 一八〇〇〇円

十一月新刊

戦争の渦中で渾身の生を刻んだ詩人

竹内浩三全作品集（全二巻）

小林察編

「ぼくはぼくの手で／ぼくの戦争がかきたい」……太平洋戦争のさ中にあって、時代の不安を率直に綴り、戦後の高度成長を見抜いた夭折天才性の詩人の全作品を写真版と活字で立体的に構成した完全版全集。今年新たに発見された二篇の詩（日本が見えない／よく生きてきたと思う）と学生時代の日記他も収録。

菊上製全二巻セット函入
予全八〇〇頁（写真版・三〇〇頁）

全人類の心性史の壮大な試み

人類の聖なる書

多神教的共生世界の探求

J・ミシュレ
大野一道訳

古代インドからペルシャ、エジプト、ギリシャ、ローマにおける民衆の心性・神話を壮大なスケールで総合したオリエント・ルネサンスの嚆矢。キリスト教『聖書』をこえて新たに作り出すべき全人類のための真の〝聖書〟！

A5上製　予四三二頁＋口絵

仕事・人生を語り下ろす待望作

感性の歴史家

A・コルバン
小倉和子訳

『娼婦』『においの歴史』ほか成立の秘話や方法論を巡る貴重なエピソードに満ちた感性の歴史入門。

四六上製　予三〇四頁

学問とジャーナリズムの統合！

「黙《もく》」の精神

至誠のジャーナリスト、住谷悦治伝

田中秀臣

戦前・戦中の言論弾圧下で『現代新聞批判』、『土曜日』を主宰し、権力と対峙しつつ自己の主張を貫いた知識人の初の本格評伝！

四六上製　予三〇四頁＋口絵

市民の立場から環境ホルモン問題に迫る

雑誌 環境ホルモン vol.2

【文明・社会・生命】

〈巻頭文〉第2号刊行にあたって　**市川定夫**

〈特集・子どもたちは、いま〉
綿貫礼子／水野玲子／正木建雄他

〈シンポジウム〉近代文明と環境ホルモン
多田富雄／市川定夫／岩井克人／井上泰夫他

〈特別インタビュー〉
全身病と環境ホルモン　**白木博次**

〈論文〉ダイオキシン被曝の歴史　**綿貫礼子**
ベトナムでのダイオキシン問題　**野村大成**
環境ホルモンの科学史的意味　**吉岡　斉**
労働被曝の歴史　**松崎早苗**
エコロジーと経済成長体制　**井上泰夫**

〈連載〉「性のカオス」　**貴邑冨久子**
「7月のイギリスでの会議報告」　**堀口敏宏**

菊大判　予二五〇頁

読者の声

『環』第6号〈「日本」を捉え返す〉■

▼特集の中の日本の「伝統美」とは何かを大変興味深く読みました。驚きでさえありました。何故なら室町時代から続く一連の伝統として茶道を捉えておりましたから。又別の内容ながら三田剛史氏の文は「注」の内容が大変充実していて初めて目を通した門外漢の者にも興味を持たせるものでした。

（大阪　茶華道師範　**花岡優美子**　53歳）

従妹ベット■

▼「人間喜劇」をもっと読んでみたい、と思っていた矢先、御社からセレクションが続々刊行されているのを知り、うれしくなった。挿絵も美しく気に入っている。

（東京　公務員　**豊川定海**　41歳）

よみがえれ！〝宝の海〟有明海■

▼広松氏を知ったのは、高畑勲監督の記録映画『柳川堀割物語』でした。掘割再生のために、地球の人々とねばりづよい交渉をしていく姿が印象にあります。今回の著作も、単純な環境保護ではなく、実態にそくした活動の大切さを識ることができました。

（新潟　放送大学　**窪田明則**　25歳）

歌集　回生■

▼NHKの教育チャンネル「こころの時代」を見てこの本を読んでみようと思いました。

（青森　主婦　**佐々木智子**　50歳）

▼鶴見和子さんの本をいつか読んでみたいと思っていました。それは鶴見俊輔氏の本を通してです。一昨年私も思いがけず立てなくなりました。その時この歌に接して元気を奮い起こしました。今年七月から少しずつ歩けるようになりました。先日はアートミュージアムで俊輔氏のお話をお聞きしました。

（静岡　ウーフ絵本勉強会　**伊藤三千代**　68歳）

弱いから折れないのさ■

▼高等学校時代、国語の先生から紹介してもらった随筆、あれから三十年すぎました。私の人生の中でどんなに大切な存在であった事でしょうか。うれしい事に娘が岡部さんの文章に感動をし、共感してくれます。これからも、岡部さんの文章に出会えますよう、祈っております。

（東京　**高柳はるみ**　48歳）

作家の戦中日記 1932–45■

▼待望の本を手に入れ、少しずつ読み始めています。学生時代から野間氏の作品に身を置き、青春を生きて、還暦を過ぎてなお、彼の思いにこだわって不器用な日々を送っています。「戦中の苦しい日々」はどんなだったのかを思う彼の心をしっかりと受け止められたらと、熱い夏を過ごしました。

（東京　**松宮晴治**　61歳）

「循環型社会」を問う■

▼内容が多岐にわたり、豊富で、しかもわかりやすい。これまで様々な分野で論じられていたことが、「エントロピー」（理論）という一貫した考えによってまとめられている。大学院生クラスに推薦します。

（青森　北里大学助教授　**杉浦俊弘**　44歳）

アジアの内発的発展■

▼フィリピン地場産業と日本とのパートナーシップのことで、参考になりました。本書の展開で歴史教科書問題の解決へ進んでほしい。日本の産業も文化の底力で活性化していくことが求められていよう。

（長野　愛知江南大学非常勤講師　**古畑浩**　29歳）

思いこもる品々■

▼初めて随筆の本を読みました。「お香」や「文宮」等すばらしい内容でした。大量生産、大量消費、大量廃棄の二十世紀型文明でない〝心を豊かにする〟文明を考えていくための知恵をこの本から感じとっていきます。

（東京　地方公務員　**宮本洋二**　52歳）

歌集　花道■

▼『ミマン』を読んで前からほしかった本です。高野悦子さんの『母』を読んで求めました。「人間が歩くところに道はできる」。益々のご繁栄お祈り申し上げます。

（埼玉　**長谷川セツ**　68歳）

娼婦の栄光と悲惨■

▼面白かった点は色々あるのであるが、ヴォートランとグランヴィル検事総長が司法取引するところは最近の我が国であった司法制度内の一不祥事と同じであると感じた。（司法関係の妻がストーカーを行い、上司がその訴訟書類を焼去した事件）その外エステルの死、リュシアンの死、コランタンの陰謀等オペラのアリアを聞く思いがした。

（香川　社労士　**武田徳久**　69歳）

『地中海』を読む■

▼重厚な著者による深い内容。地中海史を学ぶ者には必至（必携）の書。是非友人にすすめようと思います。

（北海道　会社員　**樋爪千鶴子**）

無縁声声■

▼購入して以来、数年間本棚に放っぽり出しておいて、ジックリ読んでおりませんでした。が、平井さんにお会いして読みました。やはり庶民の力、それも底辺で人間を見つめる目の確かさはホンモノです。村上鬼城の「死に死にてここに涼しき男かな」を思い出してしまいました。ありがとう平井さん。

（大阪　会社員　**高橋文義**　53歳）

※みなさまのご感想・お便りをお待ちしています。お気軽に小社「読者の声」係まで、お送り下さい。掲載の方には粗品を進呈いたします。

書評日誌（八・一〜八・二七）

(書)書評　(紹)紹介　(記)関連記事

八・一　(紹)WOMAN'S EYE「歴史の中のジェンダー」

八・二　(書)産経新聞「作家の戦中日記 1932-45」

八・四　(紹)図書新聞「女の歴史」（二〇〇一年上半期読書アンケート／福井憲彦）

八月上旬号　(紹)出版ニュース「歴史の中のジェンダー」

八・一三　(記)AERA「作家の戦中日記 1932-45」（野間宏の「内省」戦中日記／福島義雄）

八・一四　(記)朝日新聞（夕）「リオリエント」（日本は衰退するのか・米経済史家フランク氏に聞く／清水克雄）

八・一六／二三日号　(記)週刊新潮「回生」（水上勉さんが見据える病・老・苦を超越した「人生の到達点」）

八・一七　(記)日本経済新聞「リオリエント」（文化往来／フランク氏、「文明間の対話」で持論展開）

八・一八　(紹)産経新聞「弱いから折れないのさ」（服部素子）

八・一九〜二六　(紹)共同通信配信（京都、琉球他「弱いから折れないのさ」

八・二五　(紹)読売新聞（夕）「弱いから折れないのさ」（こころに吹く風／戦争の真実伝えなければ／松本弘

(紹)教育医事新聞「環境ホルモン」

八・二七　(記)東京新聞「回生」（筆洗）

八月号　(紹)経済セミナー「「循環型社会」を問う」

八月号　(紹)原子力eye「南方熊楠・萃点の思想」

◎リレー連載・古本屋風情⑳

将来は、町の図書館に

――東京・沼袋　天野書店――

西武新宿線沼袋駅北口を出て、徒歩五分、賑やかな商店街の坂道を登って行くと、右手に天野書店がある。外はほのぼのとした雰囲気ながら、中に入ると、店主・天野美治《よしはる》さんの厳しい目によって選ばれた良質の本が堂々と並ぶ。扱う本のジャンルは、人文科学系一般、映画、音楽、他に能勢朝次《のせあさじ》の『能楽源流考《のうがくげんりゅうこう》』や高野辰之《たかのたつゆき》の『歌舞音曲考説《かぶおんきょくこうせつ》』といったお能や歌舞伎の貴重な書物も見られる。

開業は、昭和二十一年、有斐閣書店の満州支店に勤務していた先代店主・天野治男《はるお》さんが、引き揚げ船で帰国した後、神田三崎町で露天商を始めたのがきっかけ。その後野方で店を出し、平成二年、現在の沼袋の店舗に移った。二十五歳で店を継いだ美治さんは、この三十年を振り返って、「とにかく勉強して、お客さんが協力してくれて、ここまで来た」と語る。

「常に良質の情報を発信していきたい」という天野さんは、法政大学の政治思想史のゼミに参加し、常に勉強を続けてきた。その向上心が、店の棚に反映されている。「本を読む上でも、基礎は大事。古典は古典でありつづける。本を読んだことが無い学生が、先生がいいって言ってたからと、フーコーを探しに来たりすることもしばしば。そんな時は、これは基礎が無いと読めない本だと、率直に言い、アドバイスします。」

戦争直後から古書店を営んでいるだけに、親子二代にわたるお客も多い。大学の先生から、学生さんまで、特に研究者からは、「ここは鬼門、来ると沢山買いたくなってしまう」と言われる人気の高さ。『本と校正』（中央公論社、一九七二年）で知られる、元編集者の長谷川鑛平《こうへい》氏も、よく来店していたという。

最近よく見掛ける、古書のインターネット販売には反対の姿勢。「この仕事は活字文化を伝えてゆく仕事だと思っています。ネット上でやりとりするだけでは、何も伝えられないのでは」。

将来は、「この店を商売として残さないで、町の図書館として残したい」と語る天野氏。未来に活字文化を伝えてゆかんとする者の強い決意が感じられる。

（記・平原照代）

（東京都中野区沼袋二丁目三〇番七号
TEL・FAX／〇三―三三八九―八四二五）

10月の新刊

学芸総合誌・季刊
『環 歴史・環境・文明』7号 ＊
特集・歴史としての身体
菊大変型判 三五二頁 二〇〇〇円

マキャヴェリの孤独 ＊
L・アルチュセール／福井和美訳
A5上製 五六八頁 八八〇〇円

東チモール県知事日記 ＊
伊勢﨑賢治
四六判 三二八頁 二八〇〇円

思い出の人々と ＊
宮本憲一
四六上製 二四〇頁 二〇〇〇円

構造改革下の地域振興 ＊
（まちおこしと地場産業）
下平尾勲
A5判 予三〇四頁 三〇〇〇円

新装版 **女の皮膚の下 ＊**
（十八世紀のある医師とその患者たち）
B・ドゥーデン／井上茂子訳
A5上製 三二八頁 四二〇〇円

11月以降の本

竹内浩三全作品集（全二巻） タイトルは仮題
小林察編

雑誌・年二回発行
『環境ホルモン 文明・社会・生命』2号
特集・子どもたちは、いま

人類の聖なる書
（多神教的共生世界の探求）
J・ミシュレ／大野一道訳

感性の歴史家
A・コルバン／小倉和子訳

「黙《もく》」の精神
（至誠のジャーナリスト、住谷悦治伝）
田中秀臣

好評既刊書

全身病
（しのびよる脳・内分泌系・免疫系汚染）
白木博次
菊大変型上製 三〇四頁 三二〇〇円

世界像革命
（家族人類学の挑戦）
E・トッド／石崎晴己編
A5判 二二四頁 二八〇〇円

ホルモン・カオス
（「環境エンドクリン仮説」の科学的・社会的起源）
S・クリムスキー
松崎早苗・斉藤陽子訳
四六上製 四三二頁 二九〇〇円

だれでもできる環境家計簿
（これで、あなたも〝環境名人〟）
本間都
A5判 二〇八頁 一八〇〇円

新版 **アジア交易圏と日本工業化**
（1500―1900）
浜下武志・川勝平太編
四六上製 二九六頁 二八〇〇円

弱いから折れないのさ ＊
岡部伊都子随筆集
題字・題詞・画＝星野富弘
四六上製 二五六頁 二四〇〇円

家族の人づくり 十八―二〇世紀日本 ＊
中内敏夫著作集Ⅷ （全八巻） 完結
A5上製 二六四頁 五八〇〇円

藤原書店映像ライブラリー 第一弾！
回生―鶴見和子の遺言 内容案内呈
カラー 一二八分 一八〇〇〇円

ビデオCD-ROMブック〈Windows版〉
ピエール・ブルデュー 三〇〇〇円
来日記念講演2000 ＊ 内容案内呈
新しい社会運動―ネオ・リベラリズムと新しい支配形態
発行 恵泉女学園大学 発売 藤原書店

＊の商品は今号に紹介記事を掲載しております。併せてご覧戴ければ幸いです。

書店様へ

▼いつもお世話になっています。▼今月の新刊『**東チモール県知事日記**』は、好評既刊『**NGOとは何か**』（3刷）の著者の貴重な現地レポート。NGO・NPO関連の書、読みものとしてご販売下さい。▼注目を集めているイスラーム関連書として小社からは『**イスラームの国家・社会・法**』、『**商人たちの共和国**』（2刷）、『**イスラーム治下のヨーロッパ**』（緊急復刊・3刷）を刊行しています。▼A5上製『**地中海Ⅲ**』の8刷ができ、全五分冊全巻が揃います。ブルデュー『**再生産**』（7刷）、トッド『**新ヨーロッパ大全Ⅱ**』（3刷）の重版出来。J・バトラーを批判したドゥーデン力作論文を収録した『**環**』7号（**特集・歴史としての身体**）刊行に合わせ、ドゥーデン著『**女の皮膚の下**』を**新装版**として刊行します。

●十一月号予告●

特集・夭折した天性の詩人・竹内浩三

全作品集刊行にあたって　小林　察
わが弟、竹内浩三　松島こう
竹内浩三の詩の魅力　加藤幸子

環境ホルモンと出生時の男女比　綿貫礼子
ミシュレと多神教　大野一道
アラン・コルバンの仕事　小倉和子
あるジャーナリストの「志」　田中秀臣
バルザックがおもしろい　黒井千次
いのちの叫び　川上誠一
[連載]吉増剛造・岡部伊都子・寺田博・一海知義・久田博幸

・タイトルは仮題

●ご案内●

▼ホームページURLは次の通り。
http://www.fujiwara-shoten.co.jp/
▼小誌購読料は、一年分二〇〇〇円です。ご希望の方は必要事項をご記入の上左記口座番号までご送金いただければ幸いです。

振替・00160-4-17013　藤原書店

出版随想

▼九月になっても日本列島、特に西は、三〇度を超える日が続き体調を崩しておられる方が多いときく。この異常気象も数年続いてくると、異常でも何でもない普通の気候のように思われてくるから恐い。体で感じる感覚も麻痺してしまうような現在を過している。

▼沖縄料理の店で、スタッフらと泡盛を一杯やっていたところ、その店のテレビに突然、高層ビルに旅客機が衝突している場面が映し出された。ドラマかなと思っていると、ホンモノであることがそのうちに判明した。それから、その高層ビル（超近代文明）が脆くも音を立てて崩れ落ちていった。まもなくそれがテロのシワザであることがわかった。しかもイスラム原理主義を唱える一派だということも。

▼有史来、人間は各々の利権をわがものとするために、戦いを殺し合いを繰り返してきた。強者が弱者を支配し従属させる闘争の連続だった。現在も又然りだ。グローバリズムの美名の下に、覇権国家アメリカが、強さを世界の隅々にまで及ぼそうとしている。前世紀、二度も愚かな世界戦争を起し、もう二度と戦争を起こさない〝平和〟の構築をめざして、強国が綱引きをしながら平和維持に努めてきたが、紛争の火種は消えていなかった。

▼いまなおわが国も、近代化、成長理論は衰えを知らず、異文化、異文明を認めて付き合うということはなされていない。それは、一部の支配者の考え方というだけではなく、大衆の中に根源的に潜んでいるものである。それが、今日の日本社会を築いてきた重要な考え方だったのだから。

▼しかし、その考え方では、もう世界の共存は立ちゆかなくなった。我々が囲繞されている〝近代化〟を、全面的に見直してゆかねばならぬ時になったのだ。その問題に一九七〇年代逢着し、九〇年代に独自の「内発的発展論」という社会発展のあり方を高らかに唱い上げたのが鶴見和子女史だ。

女史は、昨年の朝日賞授賞式の講演で、「ひとつの社会のそれぞれの地域、地球上のそれぞれの社会に、それぞれ固有の文化がある。その異なる文化に根ざして、多様な発展の仕方が地域にも、社会にもあるのはよいことだ、というのが内発的発展論の主旨でございます」と語られた。この平和理論を、今世紀是非とも日本から世界に発信してゆきたい、と思っている。（亮）